本当に
使える

企業防災・危機管理マニュアルのつくり方

被災現場からみつめたBCP

防災アドバイザー 山村武彦［著］

社団法人 金融財政事情研究会

はじめに

リスクマネジメントに絶対完璧な法則などは存在しない。しかし、すべてが想定外ではなく、傾向と対策は多くの事例のなかから学習し、洞察し、共通点を見出すことは可能である。

多くの災害、事故、事件の現場を歩いてきて、この事件は過去のあの事件に類似しているとか、この災害は○○年の災害とそっくりと感じることがしばしばある。しかし、それは外見だけであって、その後時間をかけて追跡調査を行うとまったく違う要件が複合して発生していることがわかる。たいていマスコミの過熱報道が終了したときから私の出番が始まる。真実とは感情が先走った目ではみることはできない。感情的な報道によってレピュテーションが失墜し、傷ついて立ち上がれなくなった企業もある。調査してみると、歪曲情報や悪意のタレコミもあった。災害、事件、事故に見舞われたとき、敵は目の前の事象だけではない、背後のさらに手強い敵とも戦わなくてはならないのである。そうしたときには姑息な戦術ではなく、戦略がなければ戦えない。

経営は毎日が危機である。ビジネスとは具現化したリスクマネジメントでしかない。しかし、リスクマネジメントを意識の高い担当者や責任者だけのものにしてはいけない。社員すべてが危機意識のベクトルをあわせて、運命共同体としての団結がなくてはならないのである。その旗印が防災・危機管理マニュアルである。本書をそのまま書き写してもよいが、それでは不条理な敵に戦いを挑む旗印にはならない。社是に従い地域の特徴にあわせたその企業らしいマニュアルを自ら策定しなければ、本当に使えるマニュアルにはならないのである。社長主導のもと、会議を開き議論するところから戦いが始まる。企業として目指すべきは、レジリエンス（障害許容能力）である。つまり、しなやかで打たれ強い企業体質、ヨットでいえばアゲインスト（向かい風）でも進むバイタリティと、転覆しても即座に起き上がる復元能力の高さなのである。一般論ではなく、机上の空論ではなく、それらは組織の末端まで浸透する企業風土（文化）に昇華させなければならない。

本書を参考に自社独自のリスクマネジメントとマニュアル作成を行い、さらなる発展への礎としてくだされば幸甚である。

二〇〇六年六月

山村　武彦

目次

第一章　事例に学ぶ「安全の死角」

第二章　マニュアル成功事例

第三章　事業継続管理ＢＣＭ（Business Continuity Management）

第四章　防災・危機管理マニュアル策定準備

第五章　防災・危機管理マニュアルの策定例とその解説

実務編　事前対策およびリスク事象別応急対応Q&A

序　章

企業のBCP・防災・危機管理マニュアルのつくり方

1 戦略的リスクマネジメントとＢＣＭ（Business Continuity Management）

結論からいえば
※リスクマネジメントは不戦敗を防ぐ戦術ではなく、次世代型経営戦略。
※ＢＣＰ（Business Continuity Plan）、ＢＣＭ、防災・防犯は「防災・危機管理マニュアル」に収斂される。
※ＢＣＭの成否は、レジリエンス（resilience・障害許容力・弾力性）、レピュテーション（reputation・評判・企業イメージ）、エシックス（ethics・倫理）構築にある。

二〇〇六年一月、仙台市の病院から生後一一日目の新生児が誘拐され、身代金を要求する凶悪事件が発生。二日後赤ちゃんは無事保護され、金目当ての犯人三人は逮捕された。無抵抗の新生児誘拐という卑劣な犯人に非難が集中したのは当然であった。取調べに対し犯人は複数の病院を下見し、侵入しやすい病院を選んだと自供。命を守るべき一四〇床の病院にして、夜間施錠もせず、警備員も置かない杜撰な危機管理が事件誘発を招いてしまった。五〇年間、地域医療の中心となっていた光ケ丘スペルマン病院のレピュテーションが、音を立てて崩れ去っていった。

ＪＲ下関駅から火が出たのは二〇〇六年一月七日午前二時二〇分頃。火は約三〇〇〇平方メートルを焼失させ三時間後に鎮火した。幸い人的被害はなかったが、一日二万四〇〇〇人の乗降客に親しまれてきた三角屋根の駅舎は無残に焼け落ち、多数の列車が運行不能に陥った。翌日逮捕された住所不定の男（七四歳）は「空腹でむしゃくしゃして、うっせきを晴らすためにやった」と犯行を認めた。下関駅構内には初期消火に効果があるスプリンクラー消火設備は設置されていなかった。スプリンクラーは、消防法で三〇〇〇平方メートル以上の特定用途防火対象物に設置義務を課している。特定用途防火対象物というのは、消防法施行令別表一で定める飲食店、ホテル、遊技場などの防火対象物で、そのなかに駅舎は含まれていない。下関駅は駅と構内延べ面積一万一〇〇〇平方メートルあるが、スプリンクラーの対象となるゲームセンターや飲食店部分は二九一八平方メートルで、設置基準をわずか八二平方メートル下回っていた。ＪＲ西日本の松田好史・広島支社長は鎮火後の記者会見で「適法だった」と強調。その一方で「一定規模以上の乗降客がある駅は、消火設備を充実させる態勢を検討しないといけない」と述べたのは一つの見識だった。法令というのは最低基準を定めているもので、駅などの不特定多数が出入りする施設リスクに対して、最低基準では安全不足という認識と、懸念リスクは法令の有無にかかわらず自らの責任で克服することが企業の社会的責任と自覚すべきである。

世の中に絶対的安全はない。社会が発展するほどリスクは多発・多様化する。だからといって、すべてを悲観的にみる必要はないし完璧な危機管理などない。しかし、事業遂行上、数ある経営資源のなかで、どうしても守らなければならない安全コアがある。その安全コアを定めリスクを特定し、ＢＣＭを遂行するのがリスクマネジメント（risk management・危機管理）であり、防災・危機管理マニュアル（Disaster Prevention & Risk Management Manual）である。

リスクマネジメントは、発災時対策や内部監査のためのソリューションではなく、次世代型の有力な経営戦略の一つである。小は受付嬢の応接態度であり、大はリスクの転嫁や環境問題に取り組む企業姿勢でもある。何よりも、サプライ・チェーン（Supply chain・供給連鎖）というきわめてデリケートなバランス上に成り立つ現代社会で、ステークホルダー（stake holder・利害関係者）にとって、リスクマネジメントは不可欠のものとなっている。そして、反映すべき達成目標やアクションプログラムとあわせて、リスクマネジメント戦略の総合的ガイダンスが防災・危機管理マニュアルである。

9・11（二〇〇一年の米国同時多発テロ）が契機となってＢＣＰとＢＣＭの研究が緒に就いたといわれるが、日本銀行と東京証券取引所が業務継続体制を整備し概要を発表したのは二〇〇三年七月であった。

そして、二〇〇五年七月現在でＢＣＭを取り入れている企業は全体の二〇％でしかない。取り入れていたとしても、形式的としか思えない実践性に欠けるものが大半である。

二〇〇五年八月、日本政府から相次いでＢＣＰならびにＢＣＭガイドラインの研究成果が公表された。経済産業省商務情報政策局セキュリティ制作室編の「事業継続計画（ＢＣＰ）ガイドライン」は、「高度ＩＴ社会において企業が存続するために」と副題があるようにＩＴを念頭に置いたサイバーテロ、情報漏洩、システム障害対策としてのＢＣＰである。

一方、内閣府の企業評価・業務継続ワーキンググループの「事業継続ガイドライン第一版」（わが国企業の減災と災害対応の向上のために）は、災害から企業を守るためのＢＣＭである。ＢＣＰならびにＢＣＭをそれぞれの視点で研究することは評価に値する。しかし、災害およびトラブル等は複合的な要件によって、あるいは影響を及ぼしあって起こる（拡大）事象が多く、経営戦略として考えれば複眼的多角的観点での分析と対策が重要である。

特に、災害後における事業の目標復旧時間・ＲＴＯ（Required Time Objective）を、各セクションでそれぞれが別個に定めようとしている点だけみても、決して合理的対応策とはいえまい。また、防災・危機管理マニュアルとの整合性に欠けていることも、実践で役立つか多くの問題が懸念されるところである。

ＢＣＭの研究・推進について、各省庁がセクショナリズムをむき出しにし、企業間や部署間で我田引水の綱引きをしている姿は、結局、日本における行政や企業がリスクマネジメントを戦術、つまり手段としかみておらず、戦略の視点不在を自ら暴露しているにすぎない。

欧米では、一九八〇年代からすでにリスクマネジメントを経営戦略ととらえ、実践し、成功を収めている先進的企業もある。リスクマネジメントをリスク・コントロール（Risk Control）とリスク・ファイナンス（Risk Finance）だけの戦術としてではなく、総合的な経営戦略と考えてきた成果である。

リスクを完全に抑制できないのであれば準備をして迎撃態勢を整え、自社にダメージを与えない対策をとるべきは自明の理である。日本の行政や企業が、リスク文化、リスクへの対応風土を変えなければ、国際競争力は低下し世界経済のなかで後れをとることになる。逆にいま、リスクマネジメントを経営戦略に取り入れることができれば、中国などの新興企業に対して日本企業の優位性を担保することができる。本書は、そうした観点から、リスクマネジメントを戦略的にとらえ、真のＢＣＭ推進を図るためにレジリエンス企業への道を示す実践的「防災・危機管理マニュアル」を提案する。

◎リスクマネジメントとは、悲観的に準備し、楽観的に行動することである。

2 一果に如かず

結論からいえば
※ＢＣＭは企業の成長発展の前提条件であり、それは経営者が結果の責任を負うことである。そしてコーポレート・ガバナンスとは、リスクマネジメントのことである。

百聞は一見に如かず
百見は一考に如かず
百考は一行に如かず
百行は一果に如かず

「一果に如かず」この言葉はＢＣＭとリスクマネジメントにこそ当てはまる。どれほど多くの事象を見聞し、データを駆使し、考え、行動したとしても、結果が得られなければ価値はない。

しかし、結果がよければすべてよしというわけでもない。

ここでいう一果というのは、一定期間や特定条件下での狭義の結果ではなく、財務状況・事業

図１　BCMの従来イメージ

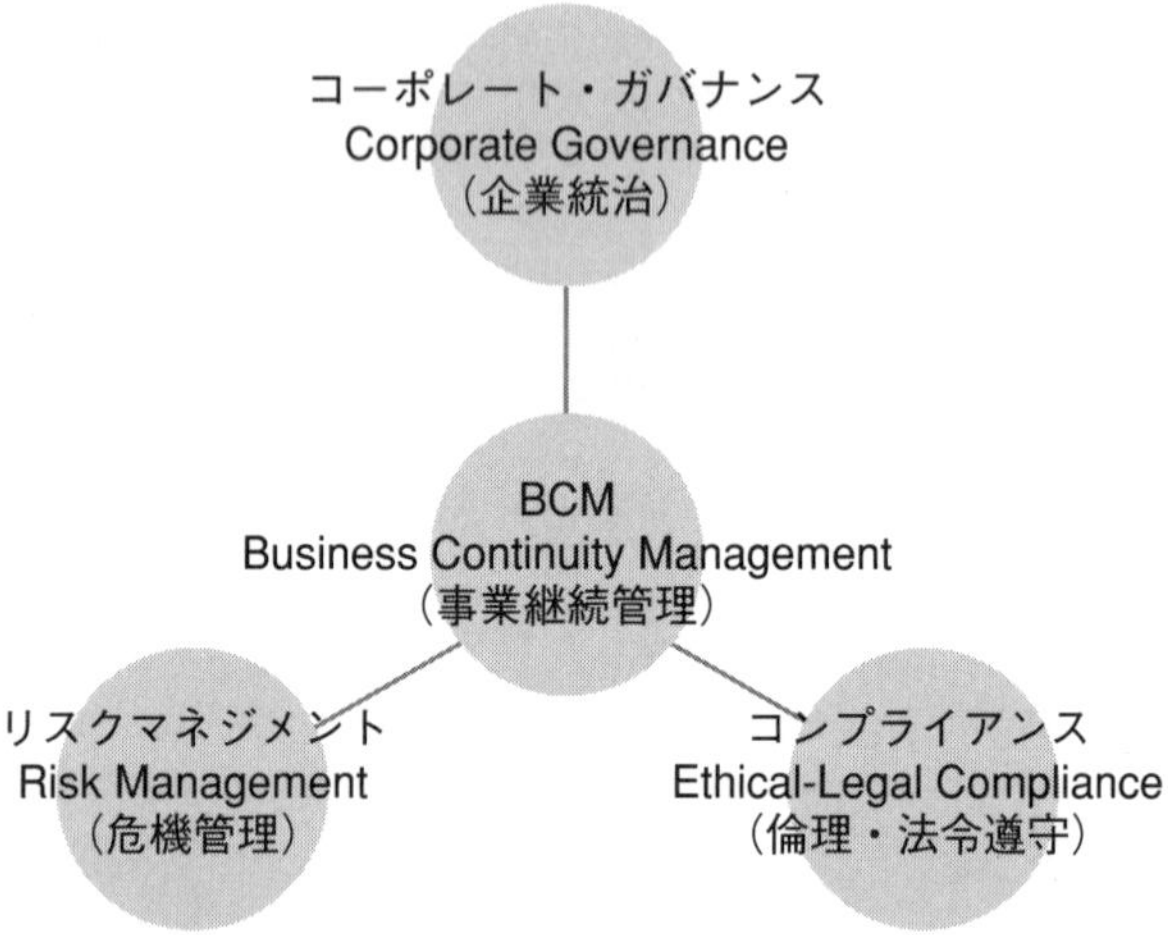
コーポレート・ガバナンス
Corporate Governance
（企業統治）
BCM
Business Continuity Management
（事業継続管理）
リスクマネジメント
Risk Management
（危機管理）
コンプライアンス
Ethical-Legal Compliance
（倫理・法令遵守）

図２　リスクマネジメント・イメージ１

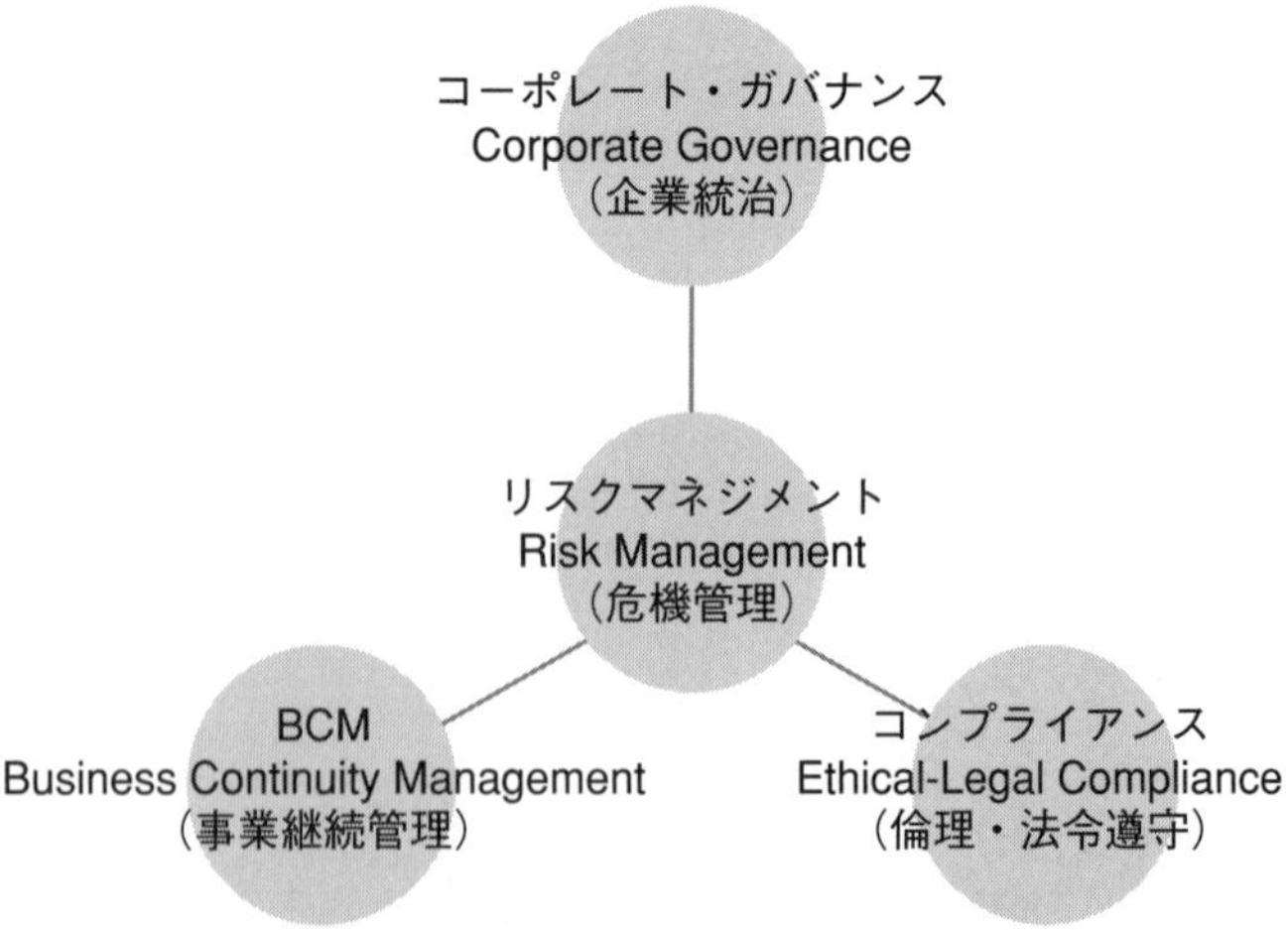
コーポレート・ガバナンス
Corporate Governance
（企業統治）
リスクマネジメント
Risk Management
（危機管理）
BCM
Business Continuity Management
（事業継続管理）
コンプライアンス
Ethical-Legal Compliance
（倫理・法令遵守）

の発展性、モラルなどの評価、つまり企業価値を高め、社会から企業として存在を認知・支持されるという一果である。その手法がBCMであり、リスクマネジメントなのである。従来BCMの構成概念は図1のように、コーポレート・ガバナンス、コンプライアンス、リスクマネジメントとされていた。しかし欧米では、コーポレート・ガバナンスやコンプライアンスをむしろリスクマネジメントの一部（図2）と考える戦略を打ち出し、効果をあげている。

つまり、リスクマネジメントを戦略として採用し、結果としてBCMが成り立つと考えているのである。そして、従来多くの企業で考えられていたように、リスクマネジメントは人やビジネスを監視するような客観的存在ではなく、事業計画やすべてのマネジメントの主要概念、つまりリスクマネジメントそのものがビジネスと不可分の存在と考えている。

企業にとって最悪の状態というのは、事業継続が困難になること、理由のいかんを問わず企業が凋落し倒産することである。企業経営とは、企業価値を高め、事業を継続・発展し続けること、つまり、リスクマネジメントにほかならない。

企業の志を果たすため、リスクマネジメントの第一使命は、危機の予防、回避、克服であった。阪神・淡路大震災以降、日本のリスクマネジメントは、必然的に大規模地震と火災対策が中心となった。そして、欧米のリスクマネジメントは、9・11のWTC（ワールドトレードセンター）攻撃以後、保険対策、テロ対策、事業の早期復旧が主要対策と考えられてきた。しかし、こ

図3　リスクマネジメント・イメージ2

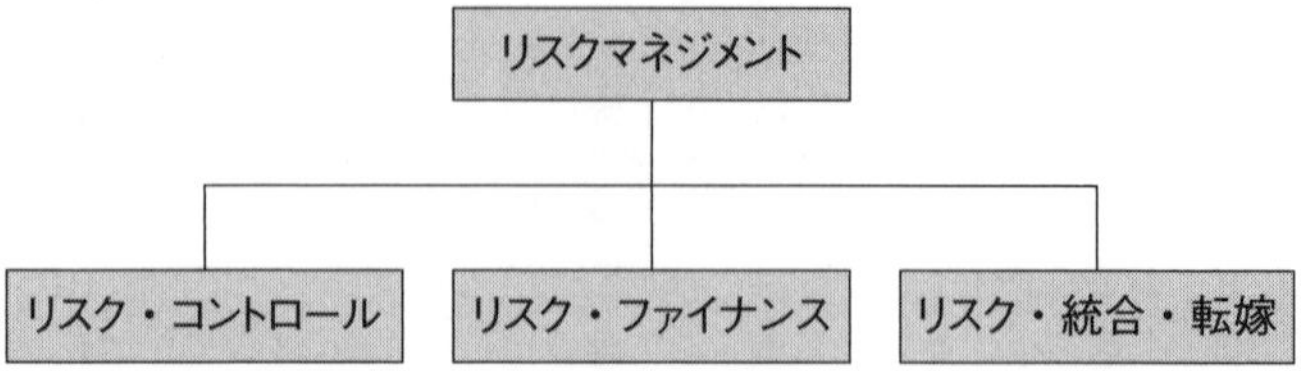

れからのリスクマネジメントは、後に紹介する先進的企業が実践してきたように、偏った部分的リスクマネジメントではなく、企業が抱える内外の人的、物理的、構造的、社会的リスクを対象とし、リスク・コントロール、リスク・ファイナンスを含む統括的リスクマネジメント（図3）が主流になるはずである。

9・11以降、世界企業が事業継続計画（BCP）を導入した理由は、顧客からの要望（三〇%）、コーポレート・ガバナンスの一環（二四%）、保険会社からの要望（二二%）、見込み客からの要望（二一%）である。そして、そのBCPの特徴は「目標復旧時間・RTO」を部分と全体とで明確に定めているところである。このRTOは、事故、災害、事件等のアクシデントがあった場合、発災時からインフラ、各部門、各基幹事業の再開までの企業が設定する「目標とする復旧時間」である。その目標と達成プロセスを事業継続計画として策定している（図4参照）。そして、各企業間でクライアント、投資家、アナリスト、格付会社、保険会社などに復旧時間の短さを競い、優位さをアピールしている。そうしたインセンティブを期待する観点から経営戦略としている世

図４　事業継続計画（BCP）概念

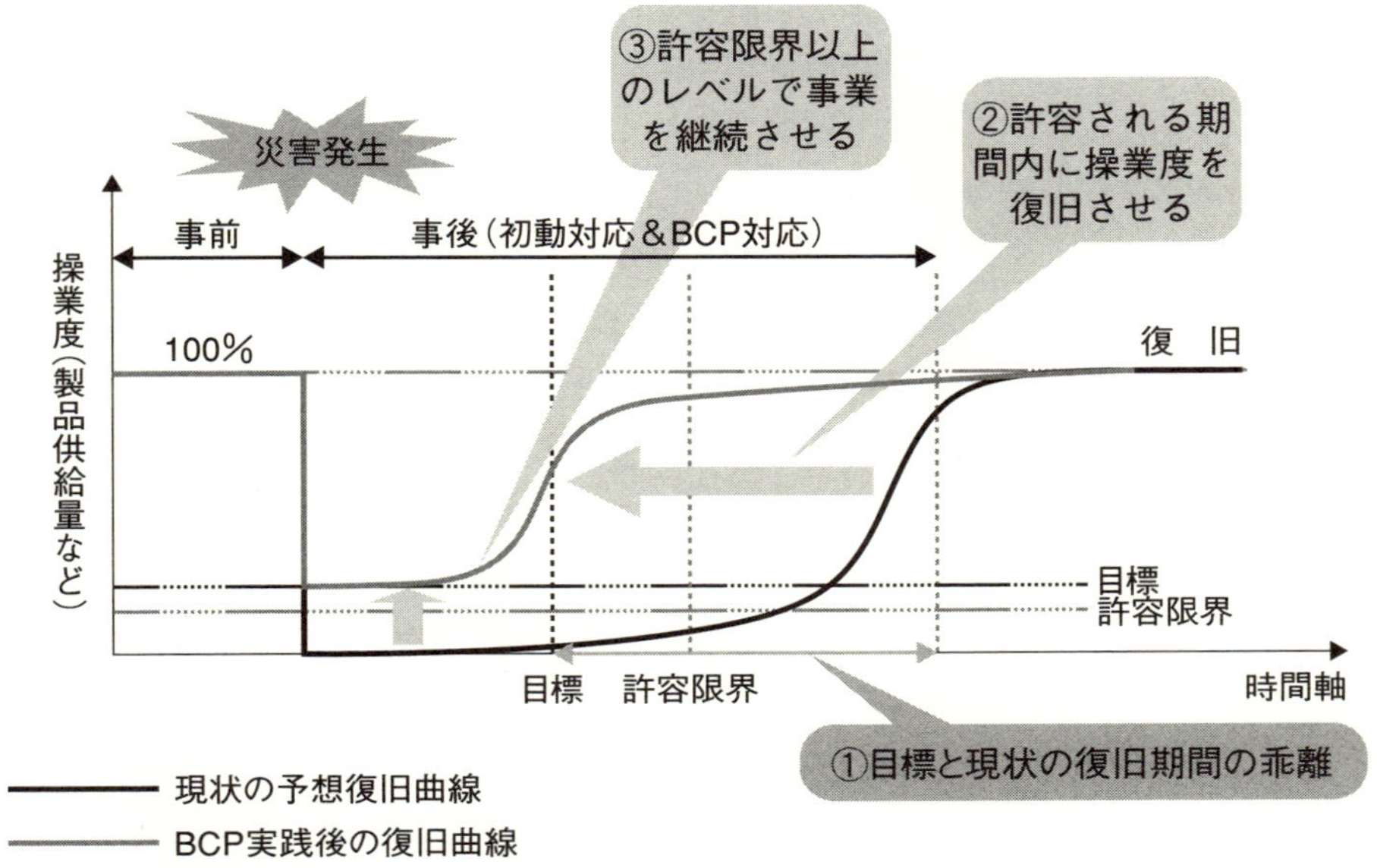

（出典）　内閣府・民間と市場の力を生かした防災力向上に関する専門調査会、企業評価・業務継続ワーキンググループ

界企業も増加しつつある。そして、こうした競争は企業業績が向上したときや経済状況によっても左右される。現代は利益競争以上にリスク対策投資額とその効果を競い合う時代であるということを経営者は肝に銘ずるべきである。

バブルが弾け不況の嵐が吹き荒れた時代、だれしもが緊張の連続だった。しかし、経済が回復基調に変わり自社の業績も比較的安定し平穏な日常が続くと、たちまち社員と組織全体の緊迫感が弛緩していく。昨日も大丈夫だったから明日も大丈夫だろう。それが潜在意識のなかに深く醸成されていくと、人々は起こりうるリスクにさえきわめて鈍感になっていく。本来であれば「おかしい?」と疑問に思うはずのことも、「何かの間違いに違いない。異常事態など、そうそう起こるはずがない」と無意識に打ち消す力「正常性バイアス(normalcy bias)」が働くことになる。バイアスというのは心理学で「偏見」「思い込み」「先入観」「変化を拒否するバリア」などをいう。

一九八一年一〇月三一日、午後九時三分頃、突然、神奈川県平塚市の同報無線(同時通報用無線)からドイツ歌曲のメロディ(野バラ)とともに緊急放送が流れた。

「市民の皆さん、私は市長の石川です。先ほど内閣総理大臣から大規模地震の警戒宣言が発令されました。私の話を冷静に聞いてください。現在、本市では、警戒本部を設置して広報活動、いわゆるデマ対策や交通規制などの対策に全力をあげております。市民の皆さんもぜひ協力してください。何といっても市民一人ひとりの冷静な行動がこれからの対策の鍵となります（以下略）」と、繰り返し市民に冷静さを呼びかけるものだった。

むろん誤報であった。当日、庁舎の電気設備点検を行っていた人が、誤って緊急放送スイッチに触れたため、録音されていた市長の「警戒宣言伝達テープ」が自動的に流れてしまったのである。

平塚市は「大規模地震対策特別措置法」に基づく「強化地域」に指定されている。東海地震が発生すれば、震度六以上の凄まじい揺れに見舞われることになる。だから「数時間から数日以内に東海地震が発生する」となれば、収拾のつかないパニックや各所での混乱が懸念された。しかし、平塚市内は不気味なほど静まり返っていた。

当時、平塚の人口は二一万八〇〇〇人。後の調査によると、この放送を直接聞いたか人づてに聞いた市民は、約四万二〇〇〇人（二〇・一％）でしかなく、そのうち「警戒宣言発令を信じた人」は一五六〇人（人口の〇・七％）にすぎなかった。九九・三％の市民は、聞かなかったか聞いても放送自体を信用せず無視したのである。市当局はパニックが起こらなかったことに安堵した。しかし、一方緊急放送が市民に届かなかった現実にショックを受けた。

この誤報騒ぎを通じ私は市民が予想以上に「正常性バイアス」の呪縛を受けていると感じた。正常性バイアスは、現在の正常状態が将来も維持継続され、非常事態など自分の周囲で起こるはずがないことは受け入れないという感情につながっていく。危機予兆認識欠如ともいうべき心理。これはどこの企業や組織でいつでも起こりうることなのである。

防災・危機管理では、まず社員の「正常性バイアス」を取り除くことに意を注がなくてはならない。防災対策はハード、ソフトだけでなく、常に「人間・心理」の視点を失ってはならない。なぜならば、システムやコンピュータが会社を守るのではなく、究極は「人が石垣、人が城」だからである。

困苦は共有できても富貴は共有できないものである。特に企業業績が好調なときほどリスクマネジメントは欠かせない。経営者も人である。好調なときほど人は物事を善悪よりも好き嫌いで判断する傾向にある。「見ぬもの清し」で、嫌なことは、考えないほうが楽だし心地よい。嫌なことを見ず、考えず、いまの安穏や成長がずっと続けばよいと思うのが自然である。だがしかし、それは願望であって決して権利ではない。危機が目の前に全貌を現すまで、経営者だけでなく社員のほとんどが、自分だけはと合理的な理由もなく信じ込む、正常性バイアスの呪縛にとらわれ、危機や問題が組織の奥深くしかも静かに侵攻していくことに気づかない。さらに多くの成功を得るチャンスやタイミングを企業の社会的責任と一緒に喪失していることにも気づかなくなる。慶應義塾大学の嶋口充輝教授は、企業における社会的責任が及ぶ領域は次の三点と指摘している。

① 自己利益動機による相互同意型価値交換の推進（基本責任）
② 価値交換システムの内外不経済を排除する義務（義務責任）
③ より長期的な企業の社会的存在投資のこと（支援責任）

スキームのなかに組み込んでおけば逃れたダメージ、洞察していれば獲得できたビジネスチャンス、分散または統合しておけば防げた損害、転嫁または移転せずみすみす期限の利益を失ってしまった結果のリスクもある。このようなヒューマンエラーや逸失利益もリスクとしてとらえ、損失を防ぐだけでなく利益をあげるのが、次世代型の戦略的リスクマネジメントである。ビジネスにおいて常在戦場の覚悟と、リスクマネジメントが経営者のトップマネジメントであることをわれわれは手痛い代償を払って学習してきたはずで、その経験は一時も忘れてはならないのである。

◎チャンスとリスクはよく似ている、それは後ろ姿しかみせないことである。

3 リスク・ヘッジではなく、リスクで稼ぐ時代

結論からいえば
※企業文化にリスク管理を入れ、隅々まで組織に浸透させなければ企業は続かない。
※リスクマネジメントはすべてのビジネスに利益をもたらすソリューションである。

真のリスクマネジメントは企業の体質を劇的に変え、発展の礎となる。経営モデルとその戦略はリスクマネジメントを基盤として考えるべきである。将来の市場・企業環境の趨勢、起こりうる事象などを冷徹に予見し、対策することがリスクマネジメントでありBCMである。従来、日本におけるリスクマネジメントは、内部監査的リスクマネジメントで、どちらかというと犯罪防止や不正監視、監査するためのリスクマネジメントだった。しかし、今後必要とされているリスクマネジメントとは、監査法人が行うような後ろ向きのリスクマネジメントではなく、利益を生み出すための新しい経営モデルとしてのリスクマネジメントである。

適切なリスクマネジメントが採用され実行されれば、企業にとって長期的利益のみならず、短

期的利益が得られることに経営者は気づくべきである。現在ある組織のなかにリスクが潜んでいることも多々ある。組織のよどみや澱をなくし、オリジナリティとポテンシャルの高い志を生み出すのもリスクマネジメントである。そうした内包的リスクをも精査し、課題を抽出する手法がＢＣＭを目的としたリスクマネジメントなのだ。それをリスクごとサイロに入れ、各部署責任とするブラックボックスにしてしまっていたところに、自浄能力を欠如させシステムネックやボトルネックを誘発する要因がある。リスクの多様化、多発化、日常化という環境に対応するためには、流動化、多様化するリスクに対し特定、分散、統合、転嫁、移転、縮小、排除を実行し、経営者またはその意を含んだ専従責任者が日常的にリスクマネジメントを図る必要がある。従来リスク統合、リスク転嫁というと、金融リスク統合とか、操業リスク統合など一部の業界コンセプトのように考えられてきた。しかし、すでに欧米では、リスクマネジメント規格が進行し、リスクを定量化、数値化する手法を編み出し、数値目標を明確に設定したうえでリスク・コントロール、リスク・ファイナンスを考えるようになっている。個々のリスクを統合することは継続だけでなく、いまや企業の発展に欠かせない重要なファクターとなっているのだ。リスクマネジメントが経営戦略そのものともいえるのである。

◎数値目標をもつことからリスクマネジメントが始まる。

4 既存マニュアルの落とし穴

結論からいえば
※企業が生きているうちに手術せよ。死に体になってからでは効果なし。
※全体のほか、拠点別、組織別の防災・危機管理マニュアル策定が必要。

企業が年月を経て経営と組織が硬直化すると、にっちもさっちも行かなくなって、穴の中に落ちた経営者たちには何が問題かすらわからなくなってしまうものである。官僚的管理体制、組織間対立、不健全な労使関係、保守的判断システムは、リスクが伴うとして新事業挑戦の芽を摘み取る。古びた企業文化に浸りジリ貧を憂いつつ改革はできない。

こうした企業の危機管理マニュアルは、分厚い形式的マニュアルを大切にする傾向にある。○○総研によって阪神・淡路大震災後に策定された危機管理マニュアルを、古くなったので改訂せよという決定が下される。内容をみると、たいていが大地震だけを対象とした毒にも薬にもならない形式的条文・文章の羅列である。そこには、企業のポリシーも戦略もない。ほとんど、官公庁が発行している「防災のしおり」となんら変わらない。こうした役に立たないマニュアルで研修会を開き、訓練を毎年行っている。試しにある企業で社員アンケートをとると、八七％がこのマニュアルではいざという時役に立たないと答えた。なぜ、こうしたことが起こるかというと、マニュアル策定を受託した業者に問題が多い。自社の専門家集団が吟味して策定したものならまだしも、ほとんどが外注（下請け）丸投げだからである。抱えている何人かのコピーライターが専門に制作しているところもあるが、子会社でOBたちの受け皿になっている形だけのリスクマネジメント企業が受託し、それを下請けに出すケースもある。

そこには実践的な理論、経験則、災害・事故などの現場で検証・精査された教訓などに欠けるばかりか、危機管理に関する哲学や思想など存在しない。「当社には危機管理対策室が設置されており、危機管理マニュアルも完備されています」という企業のマニュアルの多くはたいていこういった類である。

経営者が株主から結果責任を求められるように、リスクマネジメントにも企業の「結果の安全」「結果の責任」が求められる。企業は志を同じにする者たちの運命共同体である。その志を合理的に全うするため、企業としての結果を出すためにいま何を優先すべきかが重要である。それには社員全体のベクトルをあわせることが重要である。結論からいえば「ＢＣＭとは、事業を継続発展させるために将来を予見し、対策を考え、プライオリティをつけて実行すること」である。防災・危機管理マニュアルはその手法基準を具体的に定義するものであり、戦略的リスクマネジメントの水先案内人なのである。

◎リスクマネジメントこそ、究極のビジネス戦略である。

5 企業市民三原則

結論からいえば
※何もしないのに、企業が加害者になるのは、その企業の「人」に問題がある。
※レピュテーションは企業の財産である。ブランドはリスクマネジメントがつくる。

加害者にならず
被害者にならず
傍観者にならず
こう書くと、宗教の戒めのようだが「率先して安全・安心を追求せよ」ということでもある。

換言すれば、企業における防災・危機管理とは「企業価値を維持し、高め、創造、発展させるためのもの」と位置づけることができる。企業は法人格としての権利と責任を負うとともに、法律的な部分だけでなく社会システムの一員としてのモラルも要求されている。

企業をめぐる昨今の不祥事のなかには、未必の故意としかいいようのない事故や事件が繰り返されている。それは企業倫理の欠落であり、利益第一主義でしかないといわれてきた。しかし、それはリスクマネジメント戦略が欠落していることが主な要因である。すなわちモラルとして企業が遵守すべき義務を盛り込んだリスクマネジメントが確立されていなかったということである。それは、人および組織の消極的義務だけではなく、企業としての積極的義務を怠った結果である。

つまり、「加害者にならない」「被害者にならない」ということだけでは企業市民としての社会的責任を果たしているとはいえない。よき企業市民は、同じ時代を生きる隣人として顧客だけにではなく、地域、被災地、被災者、要援護者に対し、消極的傍観者であることは許されない。自己満足でない、社会からのニーズに応えて得る評価、つまり好感度企業を目指すべきで、それが戦略的リスクマネジメントなのである。その手法としての危機管理マニュアル策定が必要である。もし、すでにマニュアルが存在しているとしても、そうした戦略的リスクマネジメントという視点が欠けているのであれば、至急改定や活用法の見直しを行うべきである。

◎社会貢献によって寄せられた市民の感謝、それが企業市民として誇るべき勲章である。

6 （ＢＣＰ＋ＢＣＭ）＋ＤＰＰ＝防災・危機管理マニュアル（リスクマネジメント）

結論からいえば
※欧米の「9・11」を下敷きにするＢＣＭは日本では役に立たない。
※次に起こる大事件は「9・11」ではないし「阪神・淡路大震災」でもない。

ＢＣＭの一般的定義は、企業が不測の事故や災害に遭遇したとき「事業をどのように継続させるか」だけでなく「どうしたら事業継続を考慮しなければならない危機に陥れないようにするか」の観点から、業務の継続性、短時間での復旧・復興について、さまざまな対策を講じるものとされている。そのための計画、運用、見直しに至るプロセス、リスク・コントロール、リスク・ファイナンスなどリスクマネジメントすべてがＢＣＭである。二〇〇一年の9・11米国同時多発テロなどを機にＢＣＭが一躍注目されるようになった。一九九四年に英国でＢＣＩ（Business Continuity Institute）が設立された。ＥＵでは二〇〇二年ＢＣＭガイドラインを策定、現在規格化の準備中である。米国金融当局から金融機関への通達では「災害発生後二日以内に業務再開」を目標とすべきとしている。米国では四七％の企業がＢＣＭを採用し、その推進組織として、ＣＥＯ直轄の危機管理センターなどを設けている。二〇〇四年一二月、英国のＢＣＩ日本支部が設立され、日本では内閣府中央防災会議の「民間と市場の力を生かした防災力向上に関する専門調査会」の「企業評価・業務継続ワーキンググループ」で検討が行われた。そして、二〇〇五年八月一日に「事業継続ガイドライン第一版」が出されることになった。

またジュネーブにあるＩＳＯ（International Organization for Standardization・国際標準化機構）でも国際規格化の準備が着々と進行している。日本国内でＢＣＭを採用している企業は上場企業の約二〇％でしかないが、今後企業の格付などでもＢＣＰ提出とＢＣＭについての説明が求められることになる。

欧米諸国はテロ対策（9・11）を下敷きにしたＢＣＭである。それにならったＢＣＭを日本企業で採用するのはいかがなものかと思う。それにプロセスからみても、ＢＣＭのためのＢＣＰは事業ごとの早期復旧を最優先としている。結果として経営陣が判断した事業のプライオリティ計画とならざるをえない。つまり、その企業にとっての重要度と緊急度を勘案して事業の重要度ランクを定め、その順序でリスク予見、回避、克服のための投資を行う。他方、防災マニュアルＤＰＰ（Disaster Prevention Plan）は、自然災害、テロ、事故、事件等のアクシデント評価やリスク・アセスメントから割り出し、企業に与える影響度順の対策をプライオリティとしている。

ＢＣＰとＢＣＭは事業継続を目的としてリスクマネジメントをとらえ、従来の防災マニュアルは自然災害、事故、事件、テロなどのアクシデントに対し回避、減災を目的に計画が立てられている。

したがって、目的の異なるこれらの手法をこのまま両立させれば現場やスタッフ間で混乱を招き、戦略的に破綻することは明白である。

加えて、アクシデントは大規模であるほどインフラストラクチャーの崩壊、二次災害と、自社の事業だけでなく周囲の事業環境も被災し広域的複合的災害が想定される。仮に早期事業再開が可能となったとしても、社会全体が被災している状況下で自社だけ操業することはできない。そうした企業姿勢は日本の社会風土にはなじまず、かえって世間のひんしゅくを買うばかりである。つまり、欧米式のリスクマネジメント文化と、日本の危機管理文化は微妙にしかも重要な点で異なっているのである。

こうした弊害をなくすために、本書は防災・危機管理マニュアルは、ＢＣＰ、ＢＣＭ、ＤＰＰを包含し事業と災害両面から複合的視野に立った戦略的リスクマネジメントであることを提案する。それこそが、合理的で実践に即した日本型リスクマネジメントなのである。

◎スタンダードは、オリジナル・ポリシーがない企業のためにあると私は思う。

第一章

事例に学ぶ「安全の死角」

1 企業マニュアルが機能しなかったわけ（阪神・淡路大震災）

結論からいえば
※パソコンとマニュアルは三年で換えないと、使い物にならない。
※想定外とは想定できるのに想定しなかった者の言い訳である。

悪い夢をみた気がして目が覚めた。それが阪神・淡路大震災（一九九五年一月一七日）の始まりだった。その時私は大阪・天王寺のホテルにいた。真っ暗ななか、八階のベッドは突き上げられ、ボートのように揺れた。腕時計の針が五時四六分を指していた。一瞬「ついに東海地震か！」と思った。しかし、短周期の上下動、その後の横揺れが収まるまでの時間は短く「これは東海地震ではない、もっと近い」と直感した。

停電だった。バッグに入れていた懐中電灯で着替え、携帯ラジオを聴いた。最初「近畿地方で大きな地震発生、詳しい情報は入り次第お伝えします。海岸地域では念のため津波と今後の情報に注意してください」が繰り返された後……

「震源地は兵庫県南部、震源の深さは約二〇キロメートル、地震の規模を示すマグニチュードは七・二、この地震による津波の心配はありません。各地の震度、震度五…大阪、京都、奈良、岡山（後にデータは訂正される）」

「?」何かおかしい。淡路島北端部といえば神戸の喉元、しかも二〇キロメートルの浅さなら、震源近くが激しく揺れる。それに、神戸海洋気象台はどうした? 真っ先に震度が伝えられるはずの神戸の震度が出ていない。「やられたのは神戸だ!」と確信した。後で聞くと神戸海洋気象台の通信設備の一部が壊れたためと判明する。新潟県中越地震でも、激甚的被害を出した山古志村や川口町の情報が遅れた。発災時の情報は、情報がないというのも情報なのだ。

逸る気持ちを抑えながら、暗く寒い国道二号線を無理やり捕まえたタクシーで神戸に向かった。西宮、芦屋、神戸と国道二号線と四三号線の間を縫うようにして、神戸市災害対策本部が設置された神戸市役所に向かった。

途中目にしたものは、寝巻きの上に毛布を被って茫然自失状態の人々や、横倒しになったビル、炎を噴き出すマンションだった。住宅はもちろん、工場、オフィス、デパート、銀行も壊れていた。関西に地震はないという根拠のない安全神話は、近畿地方の企業を無防備にさせていた。防災マニュアルが策定されていた企業は三〇・八%。策定されていた企業でも、その八〇%はマニュアルは役立たなかったと答えた。理由の大半は「勤務中の災害しか想定していなかった」ということである。地震発生は早朝だった。輸送用機械メーカーの新明和工業では五七〇人の社員のうち出社できたのは三五人。スポーツ用品メーカーのアシックスでは、約一〇〇〇人の社員のうち一七人が当日出勤できただけであった。非常時は工場の近くに住む社員が集合しやすいとした非常参集計画だった。しかし、近くに住む者ほど建物が倒壊したり家族や自分がけがをしたりで出社できなかった。それに参集手段は車で、緊急連絡網は電話でできるはずであった。こうした机上で作成した形式的マニュアルでの想定は、ことごとく外れてしまった。応急対応・復旧対応などはもとより社員との連絡さえできず、安否確認にも長期間かかる始末だった。災害が発生し被害が出たときに関係者がいう共通の言葉は「想定外」という言葉である。なんとも都合のよい言葉だが、想定できることを想定しなかっただけである。今後それでは通用しないだろう。過去の教訓を生かさなかったとしたら、それは天災ではなく、人災と受け止められることになる。

◎災害やアクシデントに対処しなければ、それは経営者の背任行為である。

2 シリコンバレーでみた安全の死角（サンフランシスコ地震）

結論からいえば
※安全の死角は、妥協と楽観から生まれる。
※客観的視点は、当事者にはもてない視点である。

一九八九年のサンフランシスコ・ロマプリエータ地震では、フリーウェイや二階建てベイブリッジが落下崩落して多くの人が犠牲になった。震源地はサンフランシスコから約一〇〇キロメートル離れたサンアンドレアス断層沿いで、オークランドやマリーナ地区に被害が集中した。しかし、電気、ガスなどのインフラストラクチャーが破壊され、周辺のサンノゼやオレンジカウンティなどでも多様な被害が出た。

なかでもシリコンバレーの大手コンピュータメーカーＨＰは、かなりの損害を受けることになる。ＨＰがあるのは数千キロメートルにわたって西海岸沿いにサンアンドレアス断層が走っている地域で、米国で一番地震危険率が高いとされ、三〇〜八〇年周期で繰り返し大地震が発生する

1989年10月17日／サンフランシスコ・ロマプリエータ地震

地域である。それもあってHPでは安全対策プロジェクトチームを中心に防災対策を進めていた。当時、パソコンネットワーク全盛の頃で、シリコンバレーはそのベースキャンプとなっていた。広大な敷地内に八〇棟の施設があった。プロジェクトチームはまず施設の耐震化を図った。建物を補強し、床も補強した。さらにライフライン途絶を想定し、大規模な自家発電設備を設置する。そのほかさまざまな対策をしていたので、大地震が発生してもHPへの影響は少ないと思われていた。耐震化効果でほとんどの施設は破壊を免れ、死傷者もいなかった。ところが万全のはずの防災対策に死角があった。

当時は電力自由化の過渡期で、カリフォルニアの大部分はP&Gという会社が電気とガスを供給していた。一九八九年一〇月一七日一七時四分、マグニチュード七・一の地震が襲い、約一五秒間大地を激しく揺らした。あちこちで建物が倒壊、火災が発生、ガス管が破裂し、トレーラーハウスが多数炎上する大惨事となった。

地震発生時、約五〇〇〇人がHP社内にいた。強い揺れを感じた多くの人々はいったん屋外に脱出したが、耐震補強が功を奏して建物などの被害はなく皆職場に戻った。しかし、室内は停電で真っ暗だった。停電対策として多額の投資をした自家発電装置が起動し直ちにバックアップするはずだった。しかし、電気は供給されず全米を結んでいたパソコンネットワークは、あえなくダウンしてしまった。自家発電設備が起動しなかったのは、設置場所に問題があった。機械室にはさまざまな非常用設備が設置されていた。自家発電設備の制御盤の真上に敷設されていた消火栓の配管が破損し、漏れた大量の水が制御盤に降り注ぎ、制御不能としてしまった。この制御盤はオーダーメードのため代替品はなく、一カ月半もパソコンネットワークは停止し、HPは莫大な賠償金を支払うことになった。

安全のために設置した自家発電装置を、他の安全機器が損壊させる原因となった。安全パトロールチームが何度も点検した機械室。機械室天井に消火栓の配管が敷設されていることをだれも疑問に思わなかった。そこに安全の落とし穴（死角）があったのである。そうした死角をなくすためには、自社の安全チェックだけでなく、定期的、客観的なオブジェクティブ・チェック

（Objective Check）が欠かせないことを教訓として残した。
◎安全の死角は、客観的チェックでしか発見できないものである。

3 大メーカーを危機に陥れた電子部品工場ダメージ（新潟県中越地震）

結論からいえば
※サプライ・チェーンは、バランスを崩すと自分の首と親の首にからみつく。
※危機管理ではなく、安全管理をしなければ、死角は見つけられない。

新潟県中越地震は二〇〇四年一〇月二三日に発生した。地震の規模を示すマグニチュードは阪神・淡路大震災のマグニチュード七・三と比較すると中越地震はマグニチュード六・八で、エネルギーの大きさとしては約六分の一だった。しかし、加速度でいうと小千谷や十日町など一部の地域では阪神・淡路大震災の加速度を超える地震であった。

新潟県中越地震（2004年）長岡市の道路

震源地に近い小千谷市に新潟三洋電子（従業員一五〇〇人）の工場があった。同工場は、国内三カ所あるサンヨー系半導体工場では最大規模。テレビ用LSI（集積回路）やゲーム機用フラッシュEEPROMなどの前工程を担当していた。揺れが収まって、建物や従業員に大きな被害はなくほっとした。しかしそれもつかの間、クリーンルーム内に塩化水素ガス（HCL）が漏洩していることがわかった。これが三洋電機グループ全体に影響を及ぼすほどのダメージに発展する序章だった。ガス検知器による測定の結果、許容濃度以下であることが確認された。また、敷地内の排水からの漏洩も見つかったが、観測井戸の水質測定では重金属の流出といった周辺環境への影響はないことがわかった。しかし、

その後漏洩したのは塩化水素ガスだけでなく、ホスフィン（PH３）と臭化水素ガス（HBr）も漏れていることが判明する。

こうしたガスが密閉度の高いクリーンルームに充満している場合、人体に危険性が及ぶ可能性があった。それを誤って空気中に排出すると、環境に影響を与える懸念もあった。そのため、工場は立ち入り禁止とせざるをえなかった。一一月三〇日に電気、水道、ガスなどのライフラインが復旧した後も工場は再開することはできなかった。結局、アナログＬＳＩ生産再開は二カ月後の一二月二二日となり、新潟三洋電子の損害は五〇三億円にのぼった。電子機器を生産するときに、有機ガスなどが必要となる。今回の問題点は、工場の床に敷設していた塩ビパイプだった。建物の耐震性はチェックされていたが、設備の耐震性チェックは行われていなかった。塩ビパイプの継ぎ手は地震の大きな揺れに耐え切れずあちこちでガスを漏洩させてしまったのである。その結果、三洋電機の二〇〇五年三月期業績を大幅下方修正することになる。売上高は前回予想の二兆五二九〇億円から、前年比〇・五％減の二兆四九五〇億円に修正した。営業利益は六〇〇億円から四三〇億円、純利益も七一〇億円の損失から一二一〇億円の損失となり、経営陣の責任問題に発展する。設備の耐震チェックを怠った危機管理欠如が経営そのものを破綻させてしまった。山深い小さな工場の被災は、電子機器メーカーに影響を与え本体経営の存廃にかかわることになる。今日では、サプライ・チェーンがそれだけデリケートなバランスの上に成り立っていることを露呈させた。

◎連鎖的供給ネットワークはタイトロープ。信頼できるセーフティネットなしでは渡れない。

4 過去の災害記憶があだ（北海道南西沖地震）

結論からいえば

※過去を笑うものは未来で泣く、しかし、過去にすがるだけでは死を招く。

※一つの事例がすべてではない、未来に起こることは多数の事例からしか洞察できない。

一九九三年七月一二日、奥尻名物の太陽は普段より異様に赤く、島を血の色に染めて日本海に沈んだ。漁師町の夜は早い。午後一〇時を過ぎると町はすっかり寝静まっていた。

青苗地区に住む青苗中学の二年男子は、八時からテレビをみていたが九時を過ぎた頃から、急に画像が乱れザーという雑音がした。ほかのチャンネルに変えても同じだった。

午後一〇時一七分、突如地鳴りとともに激しく突き上げる強烈な揺れが襲った。北海道南西沖

北海道南西沖地震（1993年）・奥尻島青苗地区の惨状

地震の始まりである。フェリーポートと道道釣懸稲穂線の目の前にある観音山は、地震の激しい揺れで轟音とともに山が崩れ落ちた。高さ八〇メートルの崖は膨大な土砂とともに洪水のように斜面を落下し、真下にあった老舗ホテル洋々荘を一瞬にして呑み込んでいった。ホテルには、宿泊客など四〇名がいたがそのうち三七名が生き埋めとなり、経営者（五三歳）を含め三二人が死亡した。

島の南西部に突き出した青苗地区は、地震とともに上下左右の強烈な揺れが襲い、直後に停電となった。揺れが収まるとあちこちで「津波が来るぞー」という悲鳴のような声が響いた。追いかけるように「逃げれぇ！」という声が闇のなかに吸い込まれていった。

奥尻のだれもが一〇年前の日本海中部地震津

北海道南西沖地震（1993年）・津波と火災に蹂躙された奥尻島青苗地区・手前の階段を駆け登った人は助かった

波を忘れていなかった。大きな津波が堤防を乗り越え家や船を壊し死人も出た。何が何でも高台に避難しなければならない。でもあの時は地震の揺れが収まってから約一八分後に津波がやってきた。だからまだ大丈夫だろうと、いったん外へ飛び出した人たちは、家のなかに戻り貴重品をもって家族と一緒に車で青苗岬の突端を回って高台に避難しようと動き始めた。しかし、皆同じように考えた人が多く、幅員五メートルの町道は時ならぬ大渋滞を起こしていた。

　地震発生五分後頃、グォーと地響きのような音をさせて海が鳴った。その直後、道路脇の二階の屋根のその上から黒い塊が落ちてくるのがみえた。それが津波だった。バリバリと轟音を立てながら家が飛び散る。破壊した材木を巻き込みながら、避難しようとしていた数百人の人々を車もろとも呑み込んでいった。押し寄せた津波は、押し寄せてきた時と同じかそれ以上の勢いで引いていく。その引き波の激しさはまるで戦車が駆け抜けていくようだった。引き波はすべてをさらっていった。その後も津波は一時間に一三回も繰り返し襲ってくる。特に第二波は一〇メートルを超える大きな津波だった。

九死に一生を得た青苗の関口軍二さん（当時五〇歳）はこう証言している「「津波が来るぞー」とだれかの声がした。懐中電灯を頼りに高台の階段を夢中で登った。後ろでゴーッという音が聞こえたので振り返ると、黒い山のような波がみえた。間一髪だった。車で狭い道を逃げようとしていた人たちは皆流され、その後何もなくなった。もし、あの時煙突が倒れていなかったら、自分も車で逃げる途中津波に巻き込まれ、死んでいたと思う。そして、だれかが「津波が来るぞー」といってくれなかったら、階段までたどり着けなかったかもしれない」という。

一〇年前の「日本海中部地震」発生時、奥尻島から震源が離れていたこともあり、地震発生の約一八分後に津波が襲った。それを覚えていた人はかえってあだになってしまった。今度も津波が来るまで余裕があると思っていたのに、震源地の真上にあった奥尻には、地震発生五分後という速さで襲ってきた。過去の災害だけを教訓にするのではなく、常に最悪を考えなくてはならない。現在策定されている企業の防災マニュアルは、阪神・淡路大震災を教訓としている。しかし、それは大変危険なことである。阪神・淡路大震災はたしかに多くの教訓を残したが、兵庫県南部の局地的災害であり、社会機能が動いていない早朝の災害、津波のない都市直下地震などど、限られたシチュエーションでの災害と認識したうえで教訓とすべきなのだ。防災マニュアルは偏向しないように、多角的、複眼的に多数の事例と予見のなかからパターンを認識し、共通の法則を見出し自社にあわせた対処方法を編み出すことなのである。本、マニュアル、虎の巻をそのまま書き写すことも、そうした意味から同じ轍を踏むことになる。

◎過去の物差しで未来を推し量ってはならない。

5 リスクと人事（ＪＲ西日本福知山線脱線事故）

結論からいえば

※よき企業風土は、社員と幹部との信頼・連帯からしか生まれない。

※「定時運行死守」の呪縛は、安全も人命も度外視してしまう。

この事故で得た教訓は、マニュアルは一定条件下の原則であって、最後は現場にいる人間が自分の責任で行動しなければならないということだった。

ＪＲ西日本福知山線脱線事故が発生したのは、二〇〇五年四月二五日（月）午前九時一八分頃だった。宝塚発同志社前行き快速電車（二〇七系・七両編成）が塚口駅から尼崎駅の間にある半径三〇〇メートルのカーブで脱線し、先頭の二両が線路から六メートル離れたマンションに激突して死者一〇七名、負傷者五四九名を出す大惨事に発展する。鉄道事故としては一九六二年の常磐線三河島駅脱線衝突事故（死者一六〇名）以来、戦後四番目の大事故だった。

ＪＲ西日本の事故後の対応は迷走を極め世論の憤激を招いた。事故を起こしたことそのものへの怒りもあるが、それ以上に事故を起こした企業としての自己認識を疑わせるような対応にあった。

(1) 責任転嫁を思わせる発言

積極的に記者会見し情報公開をしようというＪＲ西日本の姿勢は、本来であれば評価されるべきであったが、それがすべて裏目に出ていた。怒りの方向が自分たちに向けられていることに気づいていないような会社側の応対だった。

事故直後の記者会見で、事故調査が始まらない段階から「置石の痕跡があった」などと発表し事故原因を恣意的に示唆し、被害者側のように画策したという後味の悪い印象を与えた。その後の会見でも発表する情報が二転三転し、事故原因に予断を与えるような推測などにも言及した。レピュテーション的危機管理はまったく配慮されていなかった。つまり、危機管理そのものが経営者に欠落していたと思われる。

(2) 事故後の社員の行動と緊急連絡網

事故直後、救助活動が続いている最中にもかかわらず、ＪＲ西日本職員たちのあきれた行動（ゴルフ、ボウリング、飲み会）の数々。「坊主憎けりゃ袈裟まで憎い」とばかり、次から次へと暴露され、ワイドショーの餌食となった。社会がＪＲとその職員たちをどうみているかなど気にしていなかったようにみえる。しかし、事故直後の緊急連絡網など情報や指示が徹底していなかったことも原因と考えられる。

「あれほどテレビで大騒ぎしているのに」と、コメンテーターは憤慨していたが、家庭にいるときテレビはいつでもみられても、会社へ出勤し勤務に就いた後はテレビをみる機会は意外と少ないものである。ＪＲ西日本の社内への第一報は「福知山線で踏切事故」だった。踏切事故だとすれば、どんなに大きな事故だとしても数名の死傷者としか受け止められない。それが「脱線転覆事故」と訂正されるまでにタイムラグがあった。社内連絡網でその情報を伝えたというが、連絡網そのものにも問題があった。それはＰＴＡ父兄間で使用するような連絡網と同じ上から下へ一方通行の連絡方法だった。こうした一方通行の連絡網は平常時における指示命令用でしかない。緊急時に同時に情報を共有しなければならない場合は、魚網方式（フィッシュネット方式）と呼ばれる縦、横、斜めに結んだ双方向性の連絡網でなければ役に立たない。こうした安全の死角をなくすこともリスクマネジメントなのである。

(3) 安全運行より経済性と定時運行に重点を置いた事業計画・労務管理

それ以上に問題と思われたのは、後方車両に乗っていた同僚運転士二人の無責任行動だった。周囲の住民や企業の人たちが仕事を投げ出し、必死に救助活動にあたっているのを尻目に職場に出勤してしまったことが、職員の危機管理意識と企業風土を如実に表していた。当の運転士は「気が動転していて、とりあえず職場に向かった」といい、労組は「電車区の上司が明確な指示を出すべきだった」と運転士擁護のコメントを出した。調べてみると、二人の運転士は別々に乗り合わせていた。そして、事故直後マニュアルどおり電車区に連絡をする。その頃、電車区でも事故の連絡を受けていた。それは塚口～尼崎間で踏切事故という第一報で、午前一一時頃までの電車区内の認識は「踏切事故」だったのである。一人はその日一〇時過ぎに運転勤務に就く予定でもう一人は午後二時過ぎの乗務だった。だから、その時点での電車区担当の「早く職場に出勤し乗務準備にあたれ」という指示はマニュアルどおりだったともいえる。しかし、世論がこぞって指弾したのは、現場をみた運転士がなぜ自分の判断ができなかったか？　ということだった。同僚の運転士の生死がわからず、多数の乗客が死傷したであろうマンション現場をみながら、なぜ「死傷者が多数と思われる大事故です。現場で救助活動にあたります。通常勤務は困難なので対応願います」と、報告すべきであったというもっともな指摘である。しかし、それができなかった。というより、報告時に自分の意見を述べることが可能な企業風土ではなかったのだろうと推測する。

四〇年間災害現場をみてきて、現場に居合わせた人間というのは、ほとんどの人間がヒロイックな行動をとることが自然である。そうした現場での自己判断、臨機応変の対応ということができないような企業風土だったのかもしれない。少し遅れを出したといっては非人道的な「日勤教育」や、ペナルティとして期末手当て五万円カット等が日常化していたという。それだけみても、正常な職場環境とはいえないし、健全な労使関係など構築されていないことがうかがえる。そんなところでは、人間としてとるべき自然な救援行動よりも、組織権力に迎合することを優先せざるをえなかったのではないか。

人間として情けないと彼らを責めるだけでなく、その哀しい現実をみるべきであり、真の危機管理を無視し、経済優先の恐るべきヒエラルキーをつくりあげた経営者側の責任こそ、追及されるべきである。上司の顔色をうかがうことを優先しなければならないような企業風土から安全は生まれない。そして、危機に際してはマニュアルを守ることよりも、現場にいる本人が自分自身の判断と責任で対処することを全社員に徹底させるべきであった。そして、伊丹駅から現場まで何度か往復しながら、わいてきた疑問は「定時運行」を「安全運行」よりも優先（強制）してきた行政指導に問題があったのではないかということである。駅での停車時間はせいぜい三〇秒から五〇秒である。一分三〇秒の遅れは尼崎駅で大阪方面行きの電車との連絡不能が確実な遅れ時間となっていた。追い詰められていた二三歳の運転士はどんな気持ちでハンドルを握っていたのだろうか。「定時運行厳守の呪縛」に呑まれてマンションに突っ込んでしまったのではないだろうか。運転士の気持ちを思うとやるせなく、涙が止まらなかった。

(4) 人事におけるリスクマネジメント

さらに問題と思うのは人事の問題である。この若者の運転士としての適性が人事によってしっかり評価されていたのかという疑問である。この事故を起こす前に、すでにオーバーランや不適切な行動で何度かペナルティを受けていた。そして運命の日二〇〇五年四月二五日。この運転士は事故前の二二日、二三日の二徹（二回連続宿直）明けで、事故前日二四日から休平七五行路勤務に就いていた。休平七五というのは、休日（二四日の日曜日）と平日（二五日の月曜日）にまたがる七五番目の勤務表に基づく勤務という意味である。前日二四日は午後一一時に勤務が終了し、乗務員宿泊所で宿泊する。事件当日は午前六時から勤務であるから、午後一一時に勤務が終了したとしても、シャワー等を浴びたりしていれば就寝は一二時以降になっていたと推定される。午前六時に出社して勤務に就くとしたら、午前五時には起床する必要がある。前後の状況を勘案すると、睡眠時間は五時間を切っていた。多数の生命を預かる運転士として、五時間に満たない睡眠時間でのローテーションは適切な労務管理ではない。

ともかく、この運転士は二〇〇五年四月二五日午前六時、放出駅に出勤し「休平七五行路勤務表」を受領する。六時四八分放出駅から松井山駅まで電車を運転し、その後宝塚駅まで回送電車を運転するが、宝塚駅構内で赤信号を無視しATS（自動列車制御装置）を作動させてしまい強制的に電車が止まるという小さな事故を起こしている。ATS解除後、宝塚駅でオーバーランさせてしまう。この時点でも、すでに大惨事を起こす予兆が感じられる。その後、宝塚駅発同志社前行き快速電車（二〇七系・七両編成）に乗務、定刻に宝塚駅を発車する。しかし、次の川西池田駅で二度目のオーバーラン。さらに伊丹駅では三両がホームを飛び出すほどの三度目のオーバーラン。しかも、電車を定位置に戻す時、猛烈なスピードでバックさせ、さらに急ブレーキをかけ車内には乗客の悲鳴があがったという。こうして信号無視やオーバーランを繰り返し一分三〇秒遅れで伊丹駅を出発、塚口駅を通過した後、制限時速七〇キロメートルの標識のある三〇〇R（半径三〇〇メートル）のカーブを時速一一〇キロメートルで進入していった。その直後に一両目と二両目が脱線し、車両は傾きながら約三メートル離れた電柱にぶつかり鉄筋を露出させる。そのまま線路から六メートル離れたマンションに激突する。その日、六時から事故を起こす九時一八分までの間のわずか三時間余りの間に三度のオーバーラン、信号無視などを繰り返したのはきわめて異常行動である。それなのに、なぜ車掌も運転指令所もそのまま運転させたのか、なぜ異常を察知して乗務中止を指示しなかったのか。それ以前の問題として、車掌および運転士時代のペナルティ状況をみればこの運転士が運転士としての適性を欠いていると判断できなかったのか。人事評価以前の問題として、適性試験や経過観察で十分チェックできたはずである。その意味からの検証をしないと再発防止にはつながらない。安全を構築するためのリスクマネジメントは、間違いなく客観的な適性チェックと適材適所人事にある。それが実践的防災・危機管理の第一歩である。

◎多数の命を一人の若者に預けるからにはそれなりのバックアップ体制と監視が不可欠。

6 耐震強度偽装事件と阪神・淡路大震災

結論からいえば
※事件・事故予兆を見逃した時から大惨事へのカウントダウンが始まる。

二〇〇六年一月一七日、阪神・淡路大震災から一一年目を迎え兵庫県の各地で早朝から鎮魂式が行われた。くしくもその日、耐震強度偽装事件にからみ衆院国土交通委員会でマンション建築・販売主ヒューザーの小嶋進社長が証人喚問された。小嶋社長は偽装をいつ認識したかや、物件の売買契約に関する経緯など、事件の核心部分について証言拒否を繰り返しいっそう疑惑を深めることになる。その件に関し、いくつかのマスコミからコメントを求められたが、この事件の根っこは阪神・淡路大震災にあると思っている。

あの時、大阪から神戸に向かう途中多くの倒壊建物をみた。崩壊していたのは古い木造建物だけではなかった。一九八一年の建築基準法改正による耐震基準強化以降に竣工したと思われるマンションや住宅も壊れていたのだ。しかし、「天災」「早期復興」の大義名分のため、あっという

阪神・淡路大震災（1995年）・マンションの崩壊

間に撤去され片付けられてしまった。私にはそれが証拠隠滅のようにしかみえなかった。あの時、きちんとした客観的な検証が行われていれば、二〇〇〇年からといわれる姉歯建築設計事務所の偽装事件は発生しなかったものと思われる。災害、事件、事故が発生した後の早期復旧も重要だが、もっと重要なのはそのアクシデントそのものよりも、ダメージを大きくした根本原因などをしっかり検証することである。それを怠ると、企業にとって取り返しのつかないさらに大きな事故や損害を被ることになる。単なる再発防止というものではなく、災害や事故は反面教師としての教訓を得る絶好のチャンスである。阪神・淡路大震災では多くの犠牲を払った代償として、教訓を生かすべきだったのである。防災・危機管理マニュアルには、そうした

アクシデント後の客観的検証ルールを明示しておく必要がある。
◎起きてしまったことよりも、その後の対応の優劣で評価が決まる。
◎再発防止は、責任追及より原因追求を優先すべきである。

7 企業における天災と人災

結論からいえば
※ミスを咎める者はいない。咎められるのはミスを隠したときである。
※世の中に絶対はない。もちろん絶対危険、絶対安全も。

二〇〇三年九月二六日午前四時五〇分、十勝沖を震源とするマグニチュード八・〇の地震が発生。震央は襟裳岬沖東方約六〇キロメートル、震源の深さは二五キロメートルで、余震域は一〇〇キロメートル四方に分布していた。この地震は北海道を載せた北米プレートの下に潜り込んだ太平洋プレート上部を震源とした典型的なプレート境界型地震であった。広い範囲で津波警報が出

バルジング

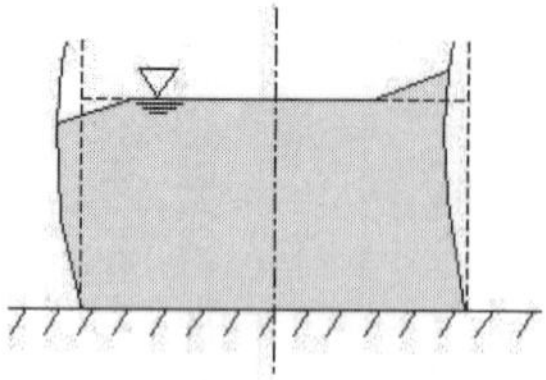

スロッシング

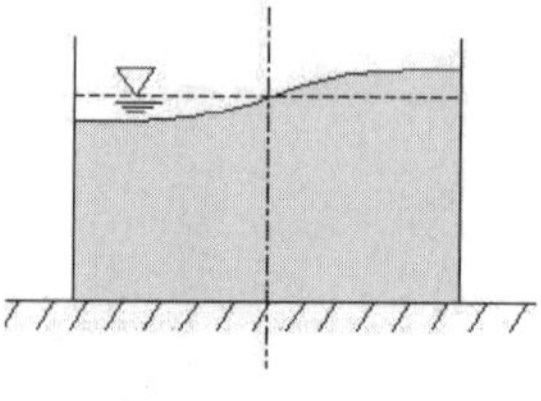

十勝沖地震とタンク火災

2003.9.26十勝沖地震（マグニチュード8.0）
苫小牧市：震度５弱
長周期地震動（３〜８／s）
タンクの余裕空間高さ：２倍
浮き屋根方式51基中42基損傷
FRTタンク６基で浮き屋根沈没
地震直後：原油タンク出火
地震発生２日後：ナフサタンク出火

され、十勝川河口の釣り人二人が行方不明になった以外幸い死者はなかった。八・〇と、マグニチュードが大きなわりに揺れによる震害は少なかった。苫小牧市は震度五弱で住宅のガラスが割れることもなかった。しかし苫小牧市で二度にわたるコンビナート火災が発生し、余震に怯える市民を不安に陥れた。

二度とも出光興産北海道製油所の火災であった。最初の火災は地震直後午前四時五八分頃原油タンクで発生、タンク屋根の周縁部でリング状に燃え、苫小牧消防本部、地域共同防災、自衛消防隊などの懸命な消火活動により、七時間後の正午頃に鎮火する。その火災に対して市民や防災関係者は「地震による天災だから仕方がない。それに、死傷者を出さず早く鎮火してよかった」と好意的に受け止められていた。会社側は鎮火後記者会見をして、「いくつかのタンクが破損したが軽微で、二次災害の心配はない」と、ほかのタンクの被災状況説明を行った。しかし、地震発生二日後の二八日午前一〇時四五分頃再び同製油所から出火する。今度はナフサタンクからであった。懸命の消火活動にもかかわらず火は原料のナフサが燃え尽きるまで四四時間燃え続けた。その間、泡消火剤やすすが強風に煽られて市内に降り注いだ。この火事でも幸い死傷者はなかった。しかし、鎮火後問題になったのは、最初の記者会見で発表された内容に情報隠しがあったのではないかという疑念であった。軽微とされたタンクの損傷は五一基中四二のタンクがなんらかの損傷を受けていたのだ。ナフサタンクで出火する可能性を会社側は気づいていたものと思われた。こうした原油貯蔵タンクのウィークポイントは浮き屋根である。地震の揺れなどで起こるスロッシング現象（sloshing phenomenon・外部から力が加わったとき液体等が不規則に波打つ状態）などにより、質量の大きな液体はタンクを壊し、浮き屋根まで変形させてしまう。タンクの浮き屋根が変形または原油に沈み込んで、引火性の高い油面が空気中に露出すると、出火の可能性が高まる。地震直後の点検で会社側は浮き屋根の変形に気づいていたと思われる。そのため、最初の火災が鎮火した後、自衛消防隊はほかのタンクで露出した油面を発泡消火剤で覆う作業を行っていたのだ。しかし、天候は荒れ模様で強風により完璧に油面を覆うことはできず、なんらかの原因で再度出火してしまったのである。出火原因として推定されるのは、泡消火剤とナフサとの摩擦による静電気が原因ではないかというものである。

　こうした危険物コンビナートは、水島コンビナートの油漏れ事件以来、厳しい法令（コンビナート法）で規制されている。操業するには危険物の取締り法令やコンビナート法の技術上の基準に従って設備やプラント等が設置され、消防検査を受けない限り操業はできない仕組みになっている。つまり、法律に基づいて設置され点検してきた耐震性があるといわれる設備が地震で壊れ、そして出火した。もし、責任があるとしたら、そうした技術基準に基づいて許可した行政側または政府の責任である。消防用設備にしても、三点セットと呼ばれる消防設備を消防法に基づいて完備していて、会社側に非はないと思われた。十勝沖地震の特徴は、一定の耐震性能があると思われていた多くのタンクを損壊させる揺れであったことである。出光興産北海道製油所があった苫小牧市は震度五弱で、住宅などではガラスも割れず目立った被害は皆無であった。それなのになぜタンクがあれほどまでに壊れてしまったのか。後の調査で明らかにされたのだが、それは阪神・淡路大震災などの短周期と違う長周期震動によるものだった。短周期と呼ぶ地震の震動は、一サイクル／一秒以内のものをいうが、十勝沖地震で苫小牧を襲ったものは一サイクル／五〜八秒の長周期震動だったのである。短周期だと主に住宅などの低層の建物などに被害が集中するが、長周期震動だと高層建物やプラントなどの共振の起こりやすい建物や設備に被害が発生する。こうした面からみても出光興産北海道製油所のタンク損傷と火災は、間違いなく「天災」であった。

しかし、問題は情報隠しである。本来責任が問われない天災にもかかわらず社会の指弾を受け、関係者が訴えを受けた背景には、一部マスコミのヒステリックな報道もあっただろうが、記者会見にリスクマネジメント戦略がまったくなかったことである。レピュテーションとメディアコミュニケーションの稚拙にあった。危険物施設が天災等で被害を受けた場合、情報を積極的に開示する説明責任があるのだ。なんの不正もやましいこともないのになぜ？　と思われた。出光興産はこれほど大規模経営にもかかわらず、未上場企業であった。情報ではその三年後に東京証券市場に上場を予定していた。マイナスイメージは上場の妨げになると考えたのかわからないが、情報公開を怠った結果企業ダメージを大きくすることになってしまったのである。天災も対応を誤れば人災となる可能性がある、という教訓を残したが、出光興産北海道製油所は事故後「安全保安諮問委員会」と「企業倫理諮問委員会」を設置して再発防止策の徹底を図った。さらに社内の安全実行組織として「安全強化委員会」を設け、その下に「保安強化検討会」と「設備構造強化検討会」の分科会が設置された。全社をあげて再発防止策と危機管理強化対策に取り組んだ。消防法の基準に従うだけではなく、任意に世界最大級の米国製大容量放射砲二基を配置するなど、消防設備の強化を実施していった。いまでは出光興産はどの製油所よりも危機管理が強化された製油所をもつことになった。
◎事故や災害後に費やすダメージや損失は、その十分の一の事前対策費でカバーできるのである。

8 動物は死ななかった（スマトラ沖地震津波災害）

結論からいえば
※人にはもって生まれた危機回避本能がある、しかし人は「自分だけは大丈夫」という根拠のない安全神話でその本能を封殺してしまう。

日本人旅行者も津波で一一人が死亡し一人が行方不明になったスリランカ・ヤーラ、ウダ・ワラウェ国立公園のサファリパークに行った。そこは首都スリジャヤワルデナプラコッテから東方約一五〇キロメートルのインド洋に面した街だった。アジア象が三〇〇〜四五〇頭、そのほか豹、斑鹿、大リス、クロエリ兎、猪、水牛、ワニ、マングース、孔雀、鷹、鷲、サイチョウ、コウノトリ、ペリカンなど動物の生態が観察できる貴重な自然公園でもある。世界中からこのジャングルサファリを目指して年間数十万人の観光客がやってくる。

二〇〇四年一二月二六日はラマダンの満月で、スリランカでは宗教上の休日だった。マグニチュード九・〇という巨大地震がスマトラ沖で発生したのは、その日の午前八時四〇分頃。震源地から遠く一四〇〇キロメートル離れたスリランカは、揺れは届かず人々は巨大地震の発生を知らなかった。仮に地震発生を知ったとしても、対岸の火事としか受け止められていなかったに違いない。しかし、その間にも時速五〇〇～八〇〇キロメートルのジェット機と同じような猛烈なスピードで津波が海を渡っていた。

地震から約一時間四〇分後の一〇時二〇分、東海岸に津波が襲ってきた。それはタイのアンダマン海沿岸に津波が到達してから一時間も後のことだった。もし、スリランカで適切な津波警報や避難命令が出されていれば、三万五〇〇〇人もの死者を出すことはなかった。

ジャングルでは大半の動物が夜行性のため、早朝五時頃ホテルを出発した旅行者たちは、水飲み場となる小川や沼に集まる動物たちをウオッチングした後、海辺のレストハウスで遅い朝食をとっていた。そこへいきなり六メートルほどの津波が襲ってくる。六億年前のものといわれる岩が立つパタナンガラの浜にあるレストハウスをみて愕然とした。屋根を支える鉄筋コンクリートの支柱が八本、同じ高さでぽっきりと折れていた。遠地津波の威力をまざまざとみる思いがした。レストハウス前で犠牲者に手をあわせた後、サファリパークで興味深い話を聞いた。津波が来る一時間半前から、象をはじめとする動物たちは一目散に森の奥めがけて猛烈な勢いで駆け込んでいったという。ガイドが「動物たちがこんなにたくさん姿を現すのは、いままでにみたことがない。今日はおかしい」というと、旅行者たちは「私たちは幸運なのよ、ラッキー」と、皆興奮していたそうだ。管理官は得意そうに「動物たちはみな死ななかった」という。象は超音波（低周波）をとらえる能力をもっていると聞く。象の異常行動につられて他の動物も避難行動を起こしたのではないかといった。

そこで私は「死んだ動物は、本当にいなかったのですか？」と念を押すと、管理官は少し憮然として「いや、死んだ動物もいます。それは、鎖につながれた獰猛な動物たち、そして人間です」といった。

つまり、森の奥めがけて走る動物たちをみても、それを異常と感じない人間、その人間にも「胸騒ぎ」とか「虫が知らせる」というような、動物的「感」や「本能」が本来備わっていたはずし。しかし、自分たちに危険はない、災害など起こるはずがないというような、根拠のない安全神話という鎖につながれた人間は、自分で自分の本能を封殺、麻痺させてしまうというのだ。世の中に絶対はない。企業も個人も、いつどこで災害やトラブルに巻き込まれても不思議がないという基本認識は常に忘れてはならない。

◎常に最悪を想定していれば、起こることはすべて想定内である。

9 イレギュラー作業における事故事例

結論からいえば

※安全作業確認は、関係者のダブルチェック（再確認）だけでは危険、複眼的、客観的視野に立ったトリプルチェック（再三確認）が重要である。

二〇〇六年一月一七日午後二時二〇分頃、愛媛県今治市菊間町種の石油精製施設「太陽石油四国事業所」の原油貯蔵タンクから出火、タンク内で作業していた松山市の下請け会社「福崎組」の従業員ら七人のうち五人が死亡、二人がけがをした。同社によると、タンクの内部点検のため、この日午前八時半頃から、七人は底にたまった原油かす約一〇〇〇キロリットルを除去する作業をしていたという。太陽石油四国事業所によると、火災が起きたタンクは高さ二五メートル、直径七五メートルの円筒形で、一〇万キロリットルを貯蔵できる大型施設。内部点検は一〇年に一回行い、腐食の有無などを調べる予定だった。通常、原油に浮いた状態になっている浮き屋根は、約二メートルの高さで固定してあった。照明用に複数の電気器具を利用していたという。自衛消防隊と今治消防本部の消防車一〇台が現場に到着すると、タンク外に二人倒れており死亡が確認された。なかに残っていた五人のうち二人は自力で脱出したが三人はタンク内で死亡していた。出火原因は天井に設置してあった照明器具落下によるものとの証言もあるが調査中。

太陽石油（本社：東京）は、二〇〇五年三月期の売上高は四四八八億円。四国事業所は同社の主力工場で、瀬戸内海に面したコンビナート内に六八万平方メートルの敷地がある。一九四一年に施設ができ、日量一二万バレルの石油精製能力がある。ベンゼンやキシレンなどの石油化学製品も生産している。

ほかにも二〇〇三年八月のエクソンモービル名古屋油槽所タンク火災（六名死亡・一名重傷）は、改修工事のため、作業員一一名がガソリンの抜き取り作業中、配管から出火した。このように通常業務以外の作業中に火災や爆発などのトラブルが起こるケースが多くある。定期的なメンテナンスや修繕工事などは、出入業者が下請けとして請け負って作業にあたる。しかし、そうした作業員一人ひとりの経験や資質のチェックはあまりなされていない。通常のチェック体制は、事前に作業員リストと責任者名と作業工程を提出する程度である。

メンテナンスや工事請負業者は、専門業者だから安全に注意しているはずと油断してはいけない。通常業務というのは同じ場所で同じシステムをなれた人が操作する。しかし、メンテナンスや工事に入る作業者にとって、毎日違う場所で違う業務を行うのである。イレギュラー作業を違う条件で、しかも低コストで短時間に行わなければならない。

タンク火災などの事故のうち、八〇%がイレギュラー作業中に発生している事実がそれを物語っている。つまり、イレギュラー作業を発注し管理する側はそのことを意識すべきであり、そのためのオリエンテーションや対策をあらかじめルールを定めマニュアル化しておく必要がある。
◎点検、修理等のイレギュラー作業は、ある種のリスク作業である通常作業の十倍は注意を集中し、安全対策を十分すべきなのだ。

第 二 章

マニュアル成功事例

1 早期事業再開を助けた「安全伝票」

結論からいえば
※真剣な提案を一度でも反故にしてしまえば、次からの提案は期待できないことを経営者は覚悟してから反故にすべきである。

一九九三年一月一五日は成人式の日で祝日だった。どこの家庭でも夕食が終わり一家団欒の午後八時六分頃、大地震が襲った。釧路沖太平洋が震源で、マグニチュード七・八、震源の深さ一〇七キロメートルだった。死者二名、負傷者九六六名と地震の規模のわりに人的被害が少なかったことにほっとした。それは一〇七キロメートルという震源の深さによるものと推測された。

翌日、雪の舞う釧路で目にしたのは、駅前の大通りを両側から埋め尽くしたコンクリートの電柱群、陥没した道路脇に液状化で一メートル以上も浮き出したマンホールだった。緊急車両も通れない状態だった。そして、振幅の長い長周期震動のため、電気、ガス、水道等のライフラインが各所で損壊していた。地震発生後、ライフラインの緊急復旧援助隊が全国から大挙して釧路にやってきた。それにより、電力は約八割が五日で復旧したが、難航したのはガスだった。釧路ガス管内はほとんどが古いガス管のため、管路は広範囲で損傷した。寒冷地は凍結を避ける意味から、関東などと異なりガス管は地中深く埋設されていた。深さ一メートル近く凍結した道路を掘り起こし、漏洩箇所点検調査の作業は困難を極めた。ガスは高圧、低圧、中圧ごとに導管を分け、さらに地域エリアごとにブロック化しブロックごとにガバナーバルブで仕切られている。管路内には圧力がかかっているため、元バルブを締め切ってもすぐにガスがなくなるわけではなかった。

ガス管の亀裂から漏洩していることを知らず、寒さのため締め切った室内で数十人がガス中毒に陥り入院する騒ぎとなり、この地震で犠牲になったうちの一人はガス中毒だった。すぐに携帯コンロやカセット燃料が品切れになる。家庭需要が優先的に復旧されたが、大口需要の工場の多くは長期間操業停止となった。某飲料水メーカーは二カ月間操業不能となり、最終的には工場閉鎖に追い込まれた。そんななかで、釧路港に近い某製紙工場は、約一週間後には業務を再開し周囲を驚かせた。

迅速な業務再開の裏にはあるノウハウが隠されていた。その製紙工場の危機管理マニュアルには通常の稟議書のほかに「安全伝票」と呼ばれる薄い赤色の稟議書が定められていた。それは安全にかかわる事項だけを提案するための伝票で、最優先で幹部に伝達され、優先的に審議するルールとなっていた。

釧路沖地震が発生する六年前に、若い従業員が書いた安全伝票が審議された。それには「当工場は、すべてのエネルギー源を釧路ガスに依存している。万一釧路ガスでトラブルとなれば工場は操業不能に陥る。重要プラントだけでも、ほかのガスでも操業できるようなバックアップシステムが必要ではないか」というものだった。しかし、その提案に応えるには相当資金が必要だった。ボツになるのを免れたのは、「こうした若い人の提案を一蹴してしまったら、まじめに提案するものはいなくなってしまう。費用がかかるのであれば、時間をかけてやればいい」という経営幹部の一言だった。

五カ年かけて重要プラントのエネルギー源を、ブタンガスやＬＰＧなどでもバックアップできるようバイパス配管を設けた。そして、災害が発生したときに迅速に手配できるように、ブタンガス等の燃料メーカーと緊急時の供給協定を締結したのである。

五カ年計画が終了した半年後、釧路沖地震が発生する。ほかの事業所がガスの供給が途絶え、操業再開に手間取るなか、この製紙工場は安全伝票という独自のリスクマネジメントで早期業務再開を果たした。

◎安全はすべて、事前の予見と準備に比例する。

2 災害後の業績向上に寄与した「テント営業優先」

結論からいえば
※危機とは、ピンチ（危）とチャンス（機）が裏表になっている。しかし、そこに不純な動機をひそませたとき、一瞬にしてチャンスは消え去る。

二〇〇四年一〇月二三日、新潟県中越地震発生。地震直後から震度五〜六の余震が頻発し、被災者たちを苦しめた。三日前に台風二三号の影響で豪雨による水害が各所で発生していた。大地はたっぷり水分を吸い込み、地震の揺れであちこちの道路や傾斜地が崩落した。長岡市妙見の信濃川沿いの旧国道では傾斜地が崩壊し、一家三人が乗ったワゴン車は埋まったが、四日目ぶりに優太君（二歳）が奇跡的に救助され話題となった。地震災害というよりは土砂災害の様相を呈していた。

携帯電話の中継設備も損壊し、その影響もあって山古志村や川口町など、山間部で孤立する集落も多かった。新潟日報のヘリコプターが撮影した映像には、地震発生後二日目の二五日に道路に白ペンキで書かれた、水、くすり、オムツSOSが映されていた。山間部における地震災害は阪神・淡路大震災とは異なる被害が起きていた。多くのスーパーマーケットやコンビニエンスストアが倒壊した。

スーパーマーケット原信（原信一社長・長岡市）は新潟県に四二店舗、長野県と富山県に各一店舗を営業していた。共同仕入れグループCGCジャパンの一員で、資本金三一億五〇〇〇万円、従業員七八八人、東証二部上場の中堅企業である。この原信が七月の新潟豪雨災害で二店舗が浸水したうえ、一〇月の中越地震でさらに大きな被害を受ける。小千谷駅前店、西小千谷店、十日町店の三店で壁や天井が落下、陳列棚が倒れるなどで大きな被害を出し、従業員数人も砕けたガラス破片を浴び負傷した。被害を受けた店舗は小千谷の三店をあわせ全部で一九店。長岡市では北長岡店、幸町店、関原店、中沢店、新保店、西新町店、プリーズ店、宮内店の八店。柏崎市で柏崎東店、ビッグハウス岩上店の二店。そのほか、十日町北店（十日町市）、小出東店（湯之谷村）、ビッグハウス六日町店（南魚沼郡六日町（現・南魚沼市））、見附店（見附市）、来迎寺店（越路町）、栃尾店（栃尾市）など。壊滅的に破壊された中沢店、小千谷駅前店、見附店の三店舗は一〇月三〇日に閉鎖せざるをえなかった。原信はもう立ち直れないのではないかという憶測が流れた。

しかし、原信は見事にその懸念をはね返す。原信は地震直後、いまこそスーパーマーケットの役割を果たすべき時と考えた。壊れた店の復旧に力を入れることより、二日後からテントで食料品や日用品を販売することを決める。意気に感じたCGCジャパンも、利益を度外視して支援にあたった。CGCジャパンにはダイエー出身の社員がいた。彼は阪神・淡路大震災時の「緊急時こそ全力をあげて商品を供給せよ」という中内会長の緊急対応ぶりをみていた。新潟に通じる道路は寸断され通れる道路も大渋滞を起こしていた。しかし、原信の強い決意に応えるべくあらゆる手段、あらゆるルートを使って商品を配送し続けた。現場、経営者、ベンダー、グループが団結してレジリエンス能力を発揮した結果である。

余震が続くなか、原信のテントには多くの住民がやってきた。地元の店が必死で商品を供給しようとする姿は、律儀な越後の住民たちの胸に響く。その情報は口コミで新潟中に伝わっていく。大赤字であるはずの第３四半期業績は前年同期比二〇％もの増加となり、大幅な上方修正の好決算につながっていった。住民への商品供給に情熱を燃やし、自社の本分とプライオリティを間違えなかった経営者が顧客の支持を得た瞬間であった。

◎困難は共有せよ、人は立ち向かう心意気に共感し連帯する。

3 危機を救った「防災協定」

結論からいえば
※企業間の深くて暗い不信の河。それを乗り越えたければ、互いに抵抗なく渡れる橋（協定・信頼）が必要である。緊急時はそれはとても強い味方になる。

阪神・淡路大震災で神戸市内にある工業団地内の工場は皆大きな被害を受けていた。そして、さらに問題だったのは、応急復旧にあたるべき従業員の家が倒壊したり、従業員や家族の多くが被災したことだった。そのため、ほとんどの工場は三カ月～一年以上休業せざるをえなかった。取引先の親会社からは、見舞金とともに丁重なメッセージが届いた。文末には「一日も早い復興をお祈りし、われわれは従来の取引ができるようお待ちしております」と書かれていた。しかし、現実は厳しかった。一カ月程度で復興できた工場はなんとか従前の取引を継続できたが、復興に三カ月以上かかった工場には以前の仕事は回ってこなくなっていた。微妙なバランスの上に成り立っているサプライ・チェーンシステムからの脱落は、ライバル会社にとっては千載一遇のチャンスとなった。親会社も被災工場が復旧するまでの一時的な発注のつもりが、安価で品質がよいライバル会社に乗り換えてしまったところが多かった。そのため、復興のために多額の借入れを起こした被災企業のなかには自己破産に追い込まれたところも少なくなかった。

自動車部品を製造するA社も、同じ工業団地の一員であった。従業員一一八〇人の中堅企業である。協力工場として大手自動車メーカーとは三〇年来の付き合いである。大震災発生時、工場には早出の従業員約五〇人が出社していたが、三人がかすり傷を負っただけで人的被害は少なかった。しかし、他の企業と同じように被害は大きかった。工場棟四棟のうち二棟が全壊、一棟が半壊、残りの一棟と事務棟は一部損壊。各施設はみるも無残に崩壊し、機械が倒れ、ラインが崩壊していた。もし、これが就業時間中だったとしたら多くの従業員が死傷したと思われた。

しかし、A社の復興は他社の数倍早く、三週間目には自家発電設備で主要ラインを再開させることに成功したのである。このA社の復旧にかける従業員たちと出入業者の情熱に親会社もほだされ、ついには親会社からも多くの人員が送り込まれ早期復活を果たした。

A社には、親会社から出向してきたBさんという役員がいた。Bさんは親会社で長く総務部に属し、防災や危機管理を担当していた。A社に赴任した時、社長から「当社には防災マニュアルなどがまったく整備されていないので、ぜひ、役立つマニュアルづくりを頼みたい」と依頼された。そこで、親会社から取り寄せた資料をもとにプロジェクトチームを組み、マニュアルづくりを開始した。しかし、大企業のマニュアルをそのまま使用したくとも中小企業の工場には当てはまらないことがわかった。そこで、途中から親会社のマニュアルを参考にすることをやめ、一から独自のマニュアル作成に切り替えた。

プロジェクトチームのC君からラジカルな問題が提起された。「会社は従業員だけで成り立っているわけではなく、派遣や出入業者に支えられていることを生かすべきでは」という意見だった。Bさんはその意見を重く受け止めた。そこで、A社に出入りしている企業や関係会社すべてと防災協定を結ぶことを決定し、説明会を行った。そこには、協力工場だけでなく、設計事務所、建築工務店、水道屋、電気屋、土木工事屋、内装屋、材料屋、工具屋、文房具屋、お弁当屋など実に四八社が集まった。普段から厳しい価格交渉などをしていたため、防災協定を提案しても各社から異論続出を覚悟していた。しかし、Bさんが「災害という不条理なものに、ただ逃げるのではなく、力を結集して立ち向かっていきたい」と、趣旨説明をしたところ、全員が賛意を表し全会一致で協定締結を承認したのである。

阪神・淡路大震災直後、A社と防災協定を結んでいた各社には、多くの得意先があった。しかし、各社の経営者は「たくさんの顧客への安否確認も大事だが、A社とは協定が結ばれている」として、従業員を督励してA社の支援に全力をあげることとする。他の工場では資機材も人員も不足するなか、A社には続々と緊急支援のための人員が集結し、昼夜を問わず復旧にあたった。

その結果、親会社が瞠目するほど劇的に短時間で復旧することになる。親会社にしてみれば、これほど出入業者に支えられている協力会社はみたことがなく、親会社としても物心ともに支援せざるをえなくなった。Bさんが主導した防災協定がA社の窮状を救い、親会社に対する、強烈なアピールとなり、存廃の危機を見事に乗り越え事業継続につながったのである。

◎同情やヒューマニズムで親会社は動かないが、中小企業ならではの情熱と社員および関係者の団結が心を動かすのだ。

4 マニュアルにはなかった「とっさの英断」が略奪を防いだ

結論からいえば

※人を知り、人をおそれ、人を信じたとき、人に響く決断が生まれる。

※緊急時だからこそ、安寧秩序は社会にとってかけがえのない財産である。

阪神・淡路大震災当日、六時頃大阪を出て国道二号線と四三号線の間を縫うように神戸を目指

阪神・淡路大震災（1995年）

した。途中救助活動の手伝いなどをしながら、西宮、芦屋を経て午後二時過ぎ、神戸に到着する。三宮駅前に立つと、そごうデパートの一部が崩れ、ビルが傾き、表情を失った人々が周囲の状況が目に入らぬかのように通り過ぎる。これが、あのエキゾチックな神戸か？　町は色を失って、モノトーン写真のようにみえた。

その頃、私の携帯電話には、マスコミ各社から電話が入ってきていた。私が神戸に向かっていることを知ると、マスコミの前線基地がある神戸市災害対策本部で合流することになった。

神戸市災害対策本部は新庁舎の八階に設置されていた。多数の避難者が市役所に詰め掛けており、八階に通じる真っ暗な階段にも毛布をかぶった人や、パジャマ姿の人たちがひしめいていた。八階は電気が生きていて、明かりがつき、まだその頃はいまと比べると大型の携帯電話だったが、それがいくつもの充電器につながれていた。一部だけだが水道も使え、数本開設されていたマスコミ用電話が取り合いになっていて、いさかいも起こっていた。八階からみた街の様子は息を呑む光景だった。土埃のせいか町は霞んでいたが、そのなかに煙がいくつも吹き上がり、まるで戦場映画をみているようだった。風がない様子で、煙はまっすぐ上に立ちのぼっていた。

対策本部が置かれた八階は、報道陣でごった返しTVカメラが配置され、広報課の人が、殴り書きした被災状況の紙を張り出している。その人に「死者の数は？」「自衛隊は何人？　どこへ出動しているのか？」などと記者たちが噛み付くような表情で質問している。携帯電話をかける人、マイクに向かって「神戸の町は全滅しています」と怒鳴っている人など、騒然としていた。私は、西宮、芦屋、神戸と回ってみてきた状況を反芻しながら、いま、何を伝えるべきか考えていた。いま被災地が求めているものは、倒壊家屋に閉じ込められた人、生き埋めの人を救助する大量のマンパワー。そして、町が壊れたということはライフラインが壊れたということだから、とりあえず水や食料の緊急物資の供給である。大阪まで飛行機で来て、漁船で神戸港に着いたという女性キャスターの問いに答えて、カメラの前でそのことを訴えた。まだまだたくさん伝えたいことはあったが、とりあえず自分のコメントを流せたことで私は少し落ち着きを取り戻した。

阪神・淡路大震災（1995年）・多くのコンビニが商品のある限り店を開け、略奪を防いだ

周囲を眺め、ふと「マスコミの皆様へ」と題した張り紙が目についた。それには「この地震でたくさんの被災者が出ています。神戸市では備蓄用品の放出とあわせ、国、県などの関係機関に緊急物資支援要請を行っています。そして、被災地で食料品や日用品を扱っているお店にも安全が確認でき次第開店していただくよう呼びかけています。マスコミの皆様もぜひ呼びかけてくださるようお願いします。神戸市災害対策本部」と書いてあった。広報の人に聞くと、コンビニエンスストアの本部やスーパーマーケットにも電話などで直接呼びかけているという。

その後三日間、私は救助活動などの手伝いをしながら現地を調査して回った。そして、あの張り紙、あのとっさの判断が功を奏した

ことを知る。呼びかけに応えたスーパーやコンビニは、散乱した商品や割れたガラスを片付け、停電のなか、レジ・ポスは動かないなかで、必死に店を開けたのである。私はその粛然とした光景をいまでも明確に覚えている。パニック状態になっても不思議のないなかで、開いたコンビニに整然と並んでいる姿。後方に並んでいる人を思い、一人でたくさん買ってはいけないと、お互いが譲り合い戒め合いながら商品を選んでいた。多数の人が押し寄せた店内は神戸の良識を示すように、実に静かだった。

秩序を重んじる神戸の人々だからこそ、略奪や暴動は発生しなかった。しかし、忘れてならないのは、必死になって店を開けた人たちがいたことである。もし、皆が店を閉め、締め切ったガラス戸の向こうに食料や飲料水があることを知ったら……。不心得者が一人でもガラスを割って入れば、それは連鎖的に広がり略奪や暴動発端のきっかけになる可能性があった。そうしたことはマニュアルに書かれてはいない、臨機応変の対応だった。あの時、大混乱のなかで神戸市災害対策本部の人たちの大英断が、神戸の良識を守ったともいえるのである。

◎大多数が整然と行動すれば騒乱に発展することはない。整然と行動した人を評価するとともに、そのきっかけをつくった人の功績こそ忘れてはならないのである。

5 某飲料メーカーの「好感度」

結論からいえば
※いざという時必要なリーダーの決断は、タイミングを失わない利他精神である。
※慈悲の心から出た利他精神は、味方が団結し味方が一番勇気づけられるものである。

阪神・淡路大震災、地震が発生した一月一七日の夜から、被災者の様子をみるため避難場所となっていた小中学校を回った。神戸市災害対策本部の張り紙には、午後八時現在で神戸市内の被災者合計数は八万八〇〇〇人とあった。最初に行ったのは大開小学校、そこは停電で真っ暗。体育館は数千人と思われる被災者で埋め尽くされていた。毛布も水もなかった。寒さと余震を避けるためか、グラウンドには焚き火の火がみえた。その火を不安げな人たちが取り囲んでいた。体育館のガラスを、夕焼けのように火事の炎が赤く染めていた。空にはみたこともない異様なオレンジ色の月が出ていた。

私の顔をみたお年寄りが、手のひらに載せたいくつかの薬をみせ「血圧の薬を毎日飲まなければならないのですけど、飲み込めないのです。少しでもいいですから水はどこかにありませんか」と聞く。哺乳瓶をもった若いお母さんは「粉ミルクを溶かすお水はありませんか」と必死な様子だった。地震発生後すでに一四時間が経過していた。暗い体育館内で子供の泣き声が響いていた。皆のどが渇いているのだ。何ひとつ要望に応えられず私は忸怩たる思いだった。

その時だった、大型トラックが横づけされビール瓶が続々と下ろされた。ビール瓶を入れたケースには、応急につくったものと思われるコピーの紙が貼られていた。その紙には「これは平成七年一月一七日に○○工場でつくられた飲料水です」と書いてあった。

キリンビールは地震発生直後に京都工場を中心として、すべてのラインをいったんストップさせ、すべての瓶に水を詰めて被災地に送るよう経営幹部からの指示が出された。パトカー先導で、紙コップと栓抜きと一緒に配布されたビール瓶は、拍手と涙で迎えられた。ある避難場所の男性は「あの時、配給されたビール瓶の水の味、あれは一生忘れられない。うちの家族はあの水で三日間命をつなぐことができた」と涙を浮かべながら話してくれた。他のビールメーカーや企業もそれぞれ義捐金やたくさんの救援物資を送っただろう、問題はタイミングだった。当日に決断したこのビールメーカーの臨機応変な対応には脱帽するばかりだ。件のビールメーカーの工場を取材した時、そこの責任者の話のなかで私は再度感激したのは「あの頃、長年のシェア第一位の座を明け渡し、苦しい日々が続いていた。しかし、被災地へ飲料水を供給したことが被災者などから評価され、たくさんの手紙や電話で感謝や過分なお褒めの言葉をいただきました。そのことを社内で回覧しましたところ、自信を失い意気消沈していた社員たちの雰囲気ががらりと変わり、社内の士気が急激に高まりました。わが社の反転攻勢はその時から本格的になりました」という言葉だった。

◎心に響く社会貢献は、相手に喜ばれる以上に社員の士気高揚に貢献する。

第 三 章

事業継続管理BCM
（Business Continuity Management）

1 リスク統合とＢＣＭの基本概念

結論からいえば
※進化し多様化するリスクをセクションごとにブラックボックスにしまってはいけない。リスクの抑制、統合、転嫁、移転など効果的かつタイミングのよいコントロールが効かなくなる。
※キーワードがリスクと安全であれば、そこにビジネスと利益が生まれてくる。

従来、リスクマネジメントはリスクごとに個別の入れ物に入れられて、信用リスク、法務リスク、オペレーションリスク、技術リスク、情報リスク、ハザードリスク、カントリーリスク、金融リスク、環境リスク、反社会的勢力リスクなど、担当するヒエラルキーやセクションごとの責任で対応していた。しかし、現代は、情報化社会、グローバリゼーション、リアルタイム化と経済活動の猛烈なスピードアップと相まって、一リスクによる影響が他のセクションのみならず、企業存廃に係るリスクとしてその成否の重要性が飛躍的に増大した。企業に係る大規模なリコール、デリバティブ、事故、事件は、顧客や投資家だけでなく銀行や保険会社までを瞬時に保全行動に走らせ、友好関係さえ一夜にして豹変させる時代となった。さらに、災害や無差別テロ等、その企業の責任ではない事象による業務停滞さえ、猶予も是認もされない時代となってきた。そのことを顕著に証明したのが、日本では「阪神・淡路大震災」であり、欧米では「9・11」だった。それまでのリスクマネジメントの概念は、こうした事件・時期を境に劇的な変化を遂げていく。それまで漠然としていたリスクマネジメントという定義は、事業を一刻も停滞させないためのスキルづくりに変わり、投資家、取引先に対する経営者の義務として企業ごとに具体的指針が要求されるようになった。

リスクマネジメントはここ数年でコーポレート・ガバナンスの主要コンセプトに格上げされ、客観的検証によって従来のリスク処理手法は合理的でなく、企業ダメージ軽減に必要な対応がとれないことが判明してきた。議論を進めた結果、リスクごとにサイロに入れて個別処理していたリスクを統合・一元化して対処すべき経営モデルが生み出されてきた。それがBCMである。現在ではM&Aや資本政策もBCMであり、BCMを度外視した企業経営はすでに成り立たなくなっている。そして、リスク統合によりコスト削減というネガティブ利益だけでなく、企業全体利益（ポジティブ利益）向上に貢献した事例が数多く報告されている。

カナダで三番目に大きい穀物取扱業者兼農地散布品（種子、肥料、除草剤、農薬など）販売業者のユナイテッド・グレイン・グロワーズ（ＵＧＧ／United Grain Growers Limited）の例で説明する。ＵＧＧは、一九〇六年に創立され、一九九三年まで西部カナダの穀物取扱いを主たる収入源とする農業従事者が集合体となった協同組合（ユニオン）だった。西部カナダには約一〇万人の農家があり、一九九七年の一年に穀物種子、農薬に四〇億カナダドル（約四〇億五〇〇〇万円）を使っていた。カナダは一九九〇年後半には世界の二二％の小麦を供給していたが、その大多数が西部カナダからだった。ＵＧＧは「種子からスーパーマーケットまで」を合言葉に、ジャストインタイムに規格どおりの商品を届けることをモットーとして発展してきた。しかし、穀物取引は天候や投機に左右されるリスクビジネスである。一九八四〜一九八九年は世界的な異常気象による干ばつに見舞われたり、天候に恵まれすぎての過当競争や穀物価格の暴落に巻き込まれたりして不安定な経営が続き赤字が続いた。将来はさらに国際的な競争激化と顧客ニーズの進化が想定され、ＵＧＧは一九九一年、これまで農家だけから選んでいたＣＥＯをＵＧＧのプロパー社員から抜擢する。こうした改革意欲にすばやく反応したカナダ政府は、ＵＧＧなどの協同組合が株式を発行できるように法律を改定し支援した。株式を公開したＵＧＧは、一〇年かけて社内の意識改革と変革に取り組み、幹部たちは柔軟で現実的なアプローチでビジネスにあたるだけでなく、革新的な新しい内外のアイデアを傾聴するようになった。そして挑戦的な目標と戦略を立て、遂行に必要な課題を洗い出していく。

CEOのBrian Hayward氏は「経営そのものをリスクマネジメントととらえた時から、われわれはだれもが問題を純粋にそして実用本位にみるようになった。しかしそれは、奇妙なことに他のだれもがしていない方法での視点を持つことだった」といった。その話を裏付ける例は、一九九二年にUGGがコンピュータシステムのアップグレードをした時にも証明された。その頃の定番だったメインフレームを利用せず、UGGは当時画期的だがリスクもあるといわれていたクライアント・サーバーシステムを一から導入したのである。その時点でまだだれもが意識していない二〇〇〇年問題をも視野に入れてシステム導入を図ったのである。いまでは当り前だが、一九九二年当時クライアント・サーバーシステムを検討する会社はほとんどいなかった。一九九五年、UGGはクライアント・サーバー技術を独創的に取り入れたとして、スミソニアン賞にノミネートされる。UGGにおいて、企業活動のすべてがリスクマネジメントに収斂され、その結果、UGGが直面するビジネスリスクの多くが効率的に経営されるようになった。そして、それをさらに推し進めたのが、リスク統合だった。

それまで開示内容、許容度はリスクごとにそしてセクションごとにまちまちだった。たとえば、財務部門が為替と金利リスクを管理する一方で、マーケティング部門が穀類の市場価格と地域価格差を管理していた。また、保険・マネジメントグループは各セクターのエクスポージャー（exposure・リスク影響度）管理をし、伝統的保険（資産と災害リスク）などを担当していた。そこには、全社的に問題となる組み合わされたビジネスリスクという統括的視点が欠落していた。UGGは、リスクポリシー、リスク・コントロール、報告連絡システムなどの改善とともに、より効率的なリスクマネジメント・システムを求めた。専門家によるレビューからリスクマネジメント委員会を組織して改善に乗り出す。一九九五年取締役会はリスクマネジメント委員会に「戦略的リスクマネジメント・プロジェクト」の執行権を与えた。そして、それらを効率的に推進するためにソリューションを構築することが明文化されていた。

◎生卵は一つの籠に盛るな、しかし、情報とリスク管理は一つに集約せよ。

2　ＵＧＧリスクマネジメント委員会が特定した三つのキーポイント

結論からいえば
※リスク識別の物差しは、その企業が人を人としてみるバロメーターである。
※リスク・コントロールは、損失だけでなく利益のコントロールにもつながる。
※すべてのリスクをコントロールすることはできない。ここだけは守らなければならないという「安全コア」を決めることから、リスクマネジメントが始まる。

① リスクは識別されなければならない。
② リスクは評価されなければならない。その評価には、リスクをＵＧＧ自身が継続的なプロセスと考えているＵＧＧの財務効率に対してどのような衝撃度をもつかについての分析と定量化が含まれる。
③ リスクマネジメント戦略の最適組合せが決定されなければならない。すなわちＵＧＧは損失コントロール（プロセスやシステムに埋め込まれた、削減、防御、回避などの活動）、リスク

移転（第三者が金銭的支払義務の形の契約でリスクを有料で肩代わりすること・リスク債など）、リスク保有（可能性のある損失に対して事前に資金手当てをしたり、事後に決済したりしてリスクをとること）をバランスさせなければならない。

ＵＧＧはこうした目標を合理的に解決するために、ウィリスリスクソリューションズ（Willis Risk Solutions）をコンサルタントとして選択した。

(1)　ＵＧＧにおける「リスクの識別」

まず、コンサルタントと一緒に委員会メンバーは「リスクの識別」を行う。「リスクの識別」というのはＵＧＧのリスクを特定することであった。これは、ＵＧＧが抱えるすべてのビジネスモデルそれぞれに多様なリスクが存在していた。ＵＧＧは四七のリスクを特定し、非常に重要、中程度に重要、重要ではない、の三つのランクに分類した。リスクは、天候不順やコモディティ（commodity・商材）や価格・価格差リスク、在庫の品質低下、家畜の感染、為替レバレッジ、金利、災害、有能社員の喪失、技術、知的所有権などのほか、ケベック州がカナダから独立した場合のリスクまで含まれていた。ブレーンストーミングでランク分けしたものをさらにグループ化した。

(2) UGGにおける「リスクの定量化と有効性評価」

次のステップはリスクごとに取り上げて評価することだった。たとえば、売掛債権の証券化を通じ信用リスクのポテンシャルが高いことを知っていた。特に農家の売掛金は、干ばつや農産物価格の暴落で農家収益が危機に瀕する可能性があり、それ自身が大きな信用リスクであった。しかし、リスクが高いことに合意は得られても、当時はその頻度など、評価すべきデータがそろっていなかった。リスクの定量化が図られていなければ、適切で確信的な評価はできない。つまり、リスク水準を特定するためには、三〇年以上のデータの積み重ねに基づくリスク係数などが必要だった。

UGGは試行錯誤を繰り返しながら、コンサルタントの定量化スキルを利用して個別のリスクVaR(バリューアットリスク)を算出できるようになる。それは損失の確率を横軸に、縦軸は損失が横軸の金額以上になる確率をグラフにしてみると一目瞭然だった。つまり、損失の頻度と大きさを定量化することによって、他の定量化手法の結果よりも重要度が下がることや、それまで損失として判断されていたものが、利益となるものもあった。さらに、特定のリスクが会社にどれほどの衝撃を与えるかを他の手法で推定することができた。そしてリスクコストから割り出したパフォーマンスで、リスク別一株当りの影響度を割り出すことに成功した。それにより、リスクに対応できるリカバリーリミット（限度）や、リスク分散、リスク移転、リスク回避などの具体的対応策やアイデアが生み出せるようになった。

個々のリスクについてブレーンストーミングを積み重ねたことによって、メンバーのリスクに対する理解は深まり、それぞれの個別リスクと他のリスクとの関連性、グループとグループの共通点等や影響度などを容易に見出せるように深化していった。

(3) UGGにおける「リスクの統合」

UGGリスクマネジメント委員会で最も関心が高まったのは、リスクコスト（保険料・保険手数料・留保損失）だった。なかでもすでに保険でカバーされているリスクについて、発生率の低い（あるものは一度も発生していない）ものと、損失が期待よりも大きいものとの間での相殺ができていないことだった。そこで考えられたのがポートフォリオとしてまとめることだった。そのうえで、リスクの定量化を活用した。

その結果、UGGは損失の少ないもので、損失の多いリスクを相殺し、長期的にリスクコストを大幅に削減することに成功する。たとえば、穀物取扱高リスクとは相関性のないいくつかの資産・災害リスクを組み合わせた統合プログラム内で保険をつくり出すなど、UGGは新たなメリットを次々に生み出していった。こうした、リスク統合は単に保険と保険の統合だけを目指したらこうした結果は得られず、シナジー効果が生まれることはなかった。

こうしたリスクマネジメントの手法は、企業だけのものではなく、大学など学校教育機関、地方公共団体および国家レベルで活用できるはずである。国際的競争力が問われるなかで、リスクマネジメントの果たす役割はますます期待される時代になる。

◎利益主義よりも安全主義が利益を生む時代。

3 テロとＢＣＭ

結論からいえば

※テロや事件はないほうがよいに決まっている。しかし、テロや事件はこちらの論理ではなく、犯人側の論理で襲ってくる。企業を危機に陥らせないための手段が大事。

大手企業の役員刺殺事件や誘拐監禁事件など、国内でも企業を標的としたテロ事件が発生している。特に海外進出企業などがねらわれる政治・宗教がらみの無差別テロの危険性が高まっている。9・11以降、「テロとの戦い」を合言葉にイラクに軍隊を派遣した国々を中心に、テロ対策を含むBCMの必要性を訴える声が企業関係者からも澎湃として沸き起こっていった。

二〇〇三年五月サウジアラビア・リヤド外国企業住宅街同時爆破テロ事件、二〇〇四年三月スペイン・マドリード列車同時爆破テロ事件、二〇〇四年五月サウジアラビア・リヤド外国石油企業爆破・襲撃テロ事件、二〇〇五年七月ロンドン地下鉄バス同時爆破テロ事件などのテロ事件が頻発している。その影響もあって、各国で自国もテロリストの標的にされる可能性があると考えるのは当然である。しかし、日本ではまるで極楽トンボのように「イスラム系外国人は目立つし、爆薬等の管理が厳しいから、マドリード、ロンドンのような大掛かりなテロは日本では起きない」と、願望をあたかも既定事実のようにいってきた。

二〇〇五年七月七日、ロンドンの地下鉄三カ所と二階建てバスで同時多発爆破事件を引き起こしたのは、四人の自爆テロリストたちだった。一人は小学校職員のモハメド・サディク・カーン（三〇歳）で、自宅で問題児たちの個人指導をしてきた人で、地域では非常に評判のよい先生だった。信頼の高さは二〇〇二年にタイムズ紙で紹介されるほどだった。二人目のシェヘーザド・タンウィール（二二歳）は英国生まれで、大学ではスポーツ科学を学び卒業後は家業のマッシュ・アンド・チップス店を手伝っていた。三人目はジャマイカ生まれのジャーメン・リンゼイ（一九歳）で、学業成績は優秀だったが母親と英国に移住してからイスラム教に改宗した。その後、家からめったに外出せず一日中CDでコーランを聞く引きこもり少年だった。

四人目は二階建てバスで自爆した最年少のハシブ・フセイン（一八歳）、彼は俗にいう非行少年だったが、更生のためにと親はパキスタンのイスラム神学校に通わせた。神学校に通うようになってからは問題も起こさず、フセインは信心深い少年といわれていた。

こうしてみると、どこにでもいるような若者ばかりのような気がする。テロリストだからこそ、数年かけて社会に溶け込み警戒されないために入念に手はずを整えていると考える必要がある。

つまり、日本が自衛隊をイラクに派遣してから二年以上経過したということは、テロ準備時間も十分クリアしていると考える必要がある。日本では、二〇〇四年一二月一〇日、国際組織犯罪等・国際テロ対策推進本部から「テロの未然防止に関する行動計画」が発表されたが、ほとんど内容のないお寒い計画で、各省庁でがんばってくださいといっているだけのものである。国家でテロを予防できないとすれば、セルフディフェンスしか方法はない。各企業が企業形態、業容にあわせたテロ対策が組み込まれた危機管理とBCMを考える必要がある。なぜならば、それが国家や宗教に対するテロだとしても、巻き込まれた企業に対して国家や宗教が企業をカバーしてくれるわけではない。企業はそうした社会状況の変化や推移に対して、決して傍観者ではいられないのだ。社会的、政治的に発生するすべての事象に対し、企業もステークホルダーとなることを覚悟しなければならない。
◎真のリスクマネジメントは、自社と社員のセルフディフェンスから始まる。

4 リスクマネジメント規格

結論からいえば
※規格はお行儀のよい一般論。それを参考にしながら自社スタンダードの確立が大切。
※自社スタンダード策定留意点は、形式的でなく、実践的、シンプル、明快。

リスクマネジメントとは？　と聞かれ、「収益可能性を高め、利益変動を滑らかにできる戦略的手段である」と喝破したのは、デュポン社スーザン・ステイリンネッカー副社長だった。米国の企業取締役全国連合（National Association of Corporate Directors）は、「重要なパフォーマンス測度と、見過ごしがちな重要なリスクに敏感な情報、フォーカスを当てた情報を定義し、タイムリーに利用すること」を監査委員会に報告した。それを受けた監査委員会の委員長は「個々の重要なビジネスユニットによるリスクの定期的な検査・点検を含む議題を展開すべき」と述べた。

(1) オーストラリア・ニュージーランドのリスクマネジメント規格

AS/NZS430：1995というオーストラリア・ニュージーランド規格がある。これは一九九五年にオーストラリアおよびニュージーランドの両国によってつくられ一九九九年に改定された、世界初のリスクマネジメント国際規格である。この国際規格の特徴は、リスクマネジメント・プロセスのすべてにおいて、リスク・コミュニケーション（利害関係者とリスクに関する意思決定者とにおいて、リスク存在、特徴、大きさ、リスク許容範囲などを双方向の対話）を促進していることである。企業や組織に対してこの規格の採用は強制ではなく任意である。しかし、世界レベルのリスクマネジメント・ガイダンスの基礎として認識され、多くの欧米企業が採用しかつ各国の規格づくりに多大な影響を与えた。

・AS/NZ S 430：1995の主なコンセプト

① 損失の可能性だけでなく、利益、チャンスの機会逸失をもリスクと認識して、双方の管理を通じて企業・組織目標達成をリスクマネジメント目標とする。

② リスクマネジメント・プロセスのすべてにおいて、リスク・コミュニケーションおよびコンサルティングを導入する。

③　組織・企業に係るリスクを総合的にとらえ、包括的にリスクマネジメントを管理し、組織・企業目標達成に貢献する。

④　リスクマネジメントを組織のコーポレート・ガバナンスの視点からとらえ、企業・組織目標達成と利害関係者への説明責任を重視する。

リスクマネジメントを企業経営の重要事項と位置づけることと、個々にリスク対応するのではなく、包括的・一元的に管理するとしている。つまり、「1　リスク統合とBCMの基本概念」で述べたことが、この規格で書かれている。

英国のリスクマネジメントは、一九九九年に発表されたターンバル・ガイダンスが英国の特徴を表している。このガイダンスで内部統制とリスクマネジメントの二つが企業目標達成を支援するものと位置づけられ、リスクベースの内部統制システムの採用、内部統制の効率性のレビューとその開示が強調されている。また、対象リスクも保険可能なリスクや金融リスクのみならず、すべてのリスクを包括している。

(2)　英国のリスクマネジメント規格

英国のリスクマネジメント規格（risk management standard in UK）は二つに分けることができる。一つは二〇〇〇年に規定された国家規格としてのBS6079–3：2000 "Project　Management

Part3：Guide to the Management of Business Related Project Risk”である。特徴は、リスクマネジメント・プロセスはあらゆる企業、組織の核となるプロセスで、幅広い視点からリスクの発見、評価、コントロール等のプロセスを明示している点である。また、リスクを計画段階の早い時点にシステム的に発見できることは稀であり困難と認識している点である。

もう一つのリスクマネジメント規格は団体規格で、リスクマネジメント研究所（ＩＲＭ＝Institute of Risk Management）、保険アンドリスクマネージャー協会（ＡＩＲＭＩＣ＝Association of Insurance and Risk Managers）、そして公的部門における全国リスクマネジメント・フォーラム（ＡＬＡＲＭ＝National Forum for Risk Management in the Public Sector）の三団体によって制定された。この規格の特徴は、リスクは組織にプラスの影響を与えるリスク（upside risk）とマイナスの影響を及ぼすリスク（downside risk）があることを指摘し、組織外部および内部へのリスク・コミュニケーションの重要性を強調している点である。

(3) 米国のリスクマネジメント

リスクマネジメントの概念は、元来一九二〇年代のリジコ・ポリティク（ドイツ）および一九二〇年代の保険管理（米国）に由来し、長く〝保険最適化〟を意味する言葉であった。米国では、リスクを保険管理（risk and insurance management）するという意味合いで使われることが多い。これは米国の特色で、それが米国のリスクマネジメントを支えているといっても過言ではない。つまり、マネジメントの対象が保険で対応できるリスクに限定される傾向にある。とはいっても、米国の保険管理はリスクの転嫁やリスクの回避などの保険消費者的な方法のみを意味するのではなく、リスクを投機的に保有する保険会社の戦略も含まれ、それが自家保険やキャプティブを発展させた。また、リスクに対して保険管理志向にとどまる傾向の強い米国のリスクマネジメントは、保険管理型リスクマネジメントといわれるゆえんである。米国では経営レベルで最高リスク責任者（CRO）やリスクマネジメント委員会を設置するケースがみられたが、基本は依然として保険中心の考え方であった。

しかし二〇〇一年になって、９・11同時多発テロ（九月）やエンロン不正会計疑惑（一二月）が発生すると、リスクマネジメントに対する考え方は大きく舵を切り、統合型リスクマネジメント（提唱者によって、integrated risk management、enterprise wide risk management、holistic risk management、total risk managementなどともいう）に注目が集まった。こうした流れを受けて、二〇〇四年に米国トレッドウェイ委員会組織委員会（COSO）がCOSO　ERMフレームワークを公表し、ERMという言葉が知られるようになった。COSO　ERMフレームワークのなかで、ERMを次のように定義している。

「ERM（Enterprise Risk Management）は事業体の取締役会、マネジメント、そのほかのスタッフによって遂行され、事業体全体の戦略策定に適用される一つのプロセスである。事業体に影響を及ぼす発生可能な事象を特定して、事業体のリスク選好に応じたリスクマネジメントが実施できるように設計され、事業体の目的達成に関して合理的な保証を提供することが目的である」と。

(4)　ＩＳＯのリスクマネジメント規格

ジュネーブにあるＩＳＯにおけるリスクマネジメント規格（標準）は、ISO/IEC Guide 51：1999とISO/IEC Guide 73：2002がある。正式名称は、『ISO/IEC Guide 51：1999 Safety aspects-Guideline for their inclusion in Standards』である。国際規格などの規格に安全側面を盛り込む場合の指針として、一九九〇年に初版が制定され、一九九九年に改訂版が発行された。ここでいう安全の対象は、人、財産、および環境である。安全関係の用語定義、リスク・アセスメントと安全達成のための基本、安全規格の構成等を定めている。JISZ8051：2004「安全側面―規格への導入指針」として翻訳ＪＩＳ化がされている。

ISO/IEC Guide 73：2002は、国際規格などにリスクマネジメントの側面を有する規格の制定、改定時の参考となる基本用語を定めている。対象とするリスクに、ネガティブな側面と、ポジティブな側面を意識した構成となっており、マネジメント規格の側面も有している。この二〇〇二年版が初版。ISO/IEC Guide 51：1999を参照しながらみる必要がある。

TRQ 008：2003「リスクマネジメント—用語—規格において使用するための指針」として翻訳JIS化がなされている。

(5) 日本のリスクマネジメント規格

日本は米国のような保険管理型リスクマネジメントは保険料率が固定制であったためかなり遅れていた。しかし、一九七〇年代から関西大学の亀井利明教授によって経営管理型／経営戦略型リスクマネジメント理論が提唱され、各部門にリスクマネージャーを配置し、専門のスタッフ部門を置く企業が登場してきた。

日本でのリスクマネジメントの規格化は、一九九五年の阪神・淡路大震災を契機に旧通産省主導で「危機管理システム規格検討委員会」（委員長：東京大学社会情報研究所所長）が設置され、組織が自然災害、爆発事故などさまざまな要因から生じる危機へのアプローチ、対策を経営管理のなかに位置づけ、組織全体として取り組めるように危機管理システムの標準化の可能性についての調査・研究が開始された。一九九六年八月には、その成果として標準情報TRZ0001（危機管理システム）として、九月には内容を深化させた改正版TRQ0001（危機管理システム）が公表された。その後、この委員会は危機管理という用語を、緊急事態発生の前後すべての時期を取り扱うリスクマネジメントに変更し「リスクマネジメント規格委員会」として再編成され、二〇〇一年に企業をはじめ、各種組織がリスクマネジメントを導入する際の手引きとなる「JIS Q2001リスクマネジメント・システム構築のための指針」が制定される。この指針の特徴は、さまざまなリスクに共通するリスクマネジメント・システム構築のための原則および諸要素の提供を意図しており、どのような種類および規模の組織にも適用できるよう作成されている。規格制定の目的は、組織が社会的要請と経済的ニーズとのバランスのなかで、リスクマネジメントを確立し、充実させていくことによって、個々の組織および社会全体をリスクに適正に対応できるようにしていくこととしている。JIS Q2001規格については五年で見直すことになっている。

(6) その他のリスクマネジメント規格

そのほかにも、リスクマネジメントはさまざまな分野で規定されている。たとえば国際会計士連盟財務経営会計委員会FMAC（Enhancing Shareholder Wealth by Better Managing Business Risk）では、リスク統制のあり方として、組織のとらえ方、アカウンタビリティの配分法、継続的リスク適応といった特徴をもつ、統合的リスクマネジメント・アーキテクチャーを提言している。

また、日本の厚生労働省は「リスクマネジメント・スタンダードマニュアル作成委員会」により、リスクマネジメントマニュアル作成指針を発表して、国立病院など医療機関のリスクマネジメントのマニュアル作成を促している。この指針の主な目的は医療事故防止対策である。
◎リスクマネジメントを確立しなければ世界と競争などできはしない。

5 BCMとリスク・アセスメント

結論からいえば
※リスク・アセスメントは、「想定外でした」といわないためのソリューション。
※業種、業容、形態、規模、地域によってリスクも優先順位も変わる。

リスク・アセスメント（risk assessment）とは、リスクの発生頻度やリスクによってもたらされる影響の大きさなどを分析するとともに、いくつかのリスク基準に基づいて当該リスクを受容（許容）するか否か、当該企業にとって重大なリスクとは何か、リスクとして考え対処しなければならない優先順位などについて評価するプロセスをいう。リスクの定義、リスク基準は、必要となるリスクマネジメント費用、リスクにさらしてもよいと考える経営資源の上限、リスク負担により得られると思われる利益、規制や法的要件、社会・経済・環境への影響、利害関係者の期待等が含まれる。リスク分析時によく用いられるリスク発生頻度と影響度をプロットしたリスクマップやそれを簡略化したリスクマトリックスなどを参考にして評価が行われる。リスク・アセスメント・プロセスを経て、そのままリスクレベルを下げないでリスクを受け入れるか、なんらかの処理（リスク移転、保有、リスク・コントロール）を行うかの意思決定が行われることになる。

いずれにしてもBCMでは、企業の環境変化に応じて定期的、多角的、客観的にリスク評価が必要となるので、BCMとリスク・アセスメントは不可分の関係にあるといえる。

チェース・マンハッタン銀行の例を引く。チェース・マンハッタン銀行は、シティバンク、バンク・オブ・アメリカに次いで、二〇〇〇年半ばで四〇〇〇億ドルの資産と四五〇億ドルの市場資本を保有する米国で三番目の大銀行である。チェースはシンジケート・ローン（三四％）、デイリバティブズ、トレーディング、米ドル資金移転、抵当ローンのオリジネーションなどで全米一位の銀行である。そのチェース・マンハッタンはリスクマネジメントについてこう規定している。

「リスクマネジメントで一番重要と考えられる二つの方法は、分散とコントロールである。わわれわれは非常に分散しているが、会社の大きさとその目的およびわれわれが対象とするビジネスが非常に多岐にわたっていることなどがその理由である。しかも、われわれのリスクは、主要なリスクである信用リスクと市場リスクのなかでもさらに分散している。なぜなら、われわれはそれぞれ異なる取引を大量に扱っているからである。各々の取引はきわめて小さな限度の範囲で実行されており、この分散によって大きなプロテクションが実現されている」「第二にわれわれが満足している点は、ミクロレベルで統合され、高品質を維持できる管理があることである。それは審査プロセスやトレーディングの監視プロセスである。わが社は世界一これら二つのプロセスに気を配っている。また、それは非常に優れたシステムによって達成されている」

そして、チェースはリスクを基本的要素として三つに分解している。

(A) チェース・マンハッタン銀行のリスク三分解

① 市場リスク

② 信用リスク

③ オペレーショナル（操業）リスク

そのうえで、チェースはリスク・アセスメントコンセプトを次のように掲げている。

(B) リスク・アセスメント

1、オペレーショナルおよびファイナンシャルレポーティングの目的の確立と普及

① ビジネスおよびファイナンシャルレポーティングの目的、戦略およびすべてのビジネス項目と活動の業務プランおよびその目標設定とスケジュールが確立され、ドキュメント化され、「知る必要」に応じてスタッフに伝えられているか。

② マネジメントは適切に承認動作をしたか。

2、マネジメントは個別のビジネス活動に対し（信用、市場、システム、規制、オペレーショナルな）リスクを認知し、評価する適切な手段をもっているか。

① 明確にドキュメント化されているか。

② リスクの優先づけがなされているか。

3、マネジメントがビジネスに内包されるリスクを認知し、モニターすることを支援するためにコントロール設定者／コントロール担当者が指名されているか。

4、ビジネスの目的、戦略、業務プランをつくる際に、内部統制プロセスが効果的、効率的、かつ持続的プロセスとなるようにするための人材配置への要求が満たされているか。

5、設定された目的、活動プラン、内部統制のための活動を減らすためにビジネス活動を緊密にモニターするプロセスが存在するか。

6、ビジネスの目的やオペレーションプランの変更があった場合に、（遵守責任、実現のタイムフレーム、完了予定日を含む）明確な定義づけおよびそのドキュメントがあると同時に適切なマネジメントのレビューを受けているか。
7、シニアマネジメントのビジネス目的と目標をラインマネジメントが理解することを保証するためのグループマネジメントミーティングが定期的に開かれているか。
8、マネジメントは規制リスクと会計リスクを、それぞれ部門コンプライアンス担当と部門内部統制担当の支援のもとに認知し、モニターし、コントロールしているか。
などとなっている。最後にMarc Shapiro副会長の言葉を記しておきたい。

「われわれはリスクをとるビジネスのなかにいる。しかし、われわれはとったリスクで儲けるビジネスをやっているのである」
◎アセスメントはアプローチでしかない。しかし、アプローチを誤るとすべてを誤る。

第 四 章

防災・危機管理マニュアル
策定準備

1 マニュアル策定会議のメンバーと議題

戦略会議としてリスクマネジメント会議には経営幹部全員が出席すべきである。実践的リスクマネジメントは、事業、組織、風土の改革につながり、防災・危機管理マニュアル策定（改定）は、リスクマネジメントにおける最重要アクティビティである。そして、その会議のもち方がその企業の改革意欲とリスクマネジメントにかける（認識の）バロメーターとなる。

リスクマネジメント会議にしても、防災・危機管理マニュアル策定（改定・活用）会議にしても、それらを単なるセレモニーにしてはならない。会議は組織の体質改善、経営モデル策定に向けて、セクショナリズムを捨てて改革のコンセンサスを得る重要不可欠の第一歩としなければならない。

その意味からも、真っ先になくてはならないのは、経営陣の改革に寄せる熱い思いである。その思いとあわせて重要なのはベクトルであろう。つまり、どちらを向いてリスクマネジメントを採用し、どのくらいのエネルギーを費やし、どこまでやるのかということである。リスクマネジメントを単にネガティブ対策、利益処分対策などと位置づけていたら一大事である。リスクとは収益と密接な関係があり、欧米ではリスクのなかから収益をいかに生み出すかがビジネスであると断定する経営者が多数を占める。「たかがマニュアルではないか」と考えているのであれば、それは時代錯誤の経営者である。そのマニュアルが経営モデルそのものであり、そこから価値を生み出すための体質改善作業なのだ。

特に個々に分散して管理、処理されてきたリスクを統合することだけでも、コスト削減につながることをきちんと認識してもらう必要がある。しかし、古来より日本は「安全と空気はタダ」という刷り込みがありそれは企業のなかにも漂っている。経営陣の意識改革を進めないと、形式的観念的リスクマネジメントとなってしまい、結局襖に防災・危機管理の絵を描いて終了ということになり、後日企業として存廃の危機に陥る可能性が高いのである。そこで、私が防災顧問を務める場合、まず経営陣の危機管理に関するベクトルと意識をあわせるためのミーティングを行っている。

たとえば防災にとどまらず総合危機管理マニュアル策定を依頼された某社の場合、危機管理対策幹部会議と題して各部門の経営責任者を集めた会議を二回行った。会議開催にあたり会議の必要性を担当役員に理解してもらうことが大切である。

一回目は私が基本的な防災・危機管理についての必要性や、危機管理の失敗・成功事例などを紹介し出席者全員に危機管理の重要性について基本的共通認識をもってもらうための研修を行う。二回目はそれをより具体的に推進する。危機管理を経営戦略としている成功事例、業績拡大につながる企業風土づくり、売上増加、コスト削減効果を生み出す具体的手法などをレクチャーする。質疑応答を交え一回二時間を費やす。この時点で経営幹部たちのベクトルはかなり整理・整合昇華されてくる。それまでの、危機管理そのものに対する偏見を払拭し、危機管理が経営そのものであることを認識してもらう。時には宿題を課し危機管理を経営戦略とするための課題、危機管理に係る費用対効果についてそれぞれの考えなどをレポートして提出してもらった。そうした地ならしが功を奏し、その後の実務者会議はスムーズに進み出席者のテンションは高くなり、熱を帯びることになる。こうした手順を踏まずに下から積み上げていく作業だと、時間がかかるだけでなく全社あげての取組みとならず効果は期待できない。

幹部会議後、各部門、拠点の実務責任者たちを集め危機管理対策連絡会議を開催した。

そこでは各部門におけるリスクリストおよび危機管理対象項目を持ち寄り、他の部署で提示されたリストと突き合わせ、リスクの統合、相殺、転嫁、除却する等の作業を通じてディスカッションを促す。そうした作業に立ち会っている私（防災・危機管理アドバイザー）が適宜サゼッションや助言などを行っていく。そうした会議で精査された危機管理項目をテーマ別に防災・危機管理マニュアル策定会議に集約していくのである。

防災・危機管理に関する限り経営者たちは一般論として必要性を感じていても、それを戦略として考えてはいない企業が多くある。しかし、これまでの経験では、危機管理の失敗事例、成功事例などの実例を提示して説明すると、ほとんどの経営陣がわずかな時間で危機管理の理解者に変わる。私はこうした作業を、建物を建てる前の「地ならし」と呼んでいる。どんなに立派な建物を建築しても、地盤が揺らげば崩れてしまう。だから、これは決しておろそかにしてはならない作業なのである。

防災・危機管理マニュアル策定会議を開催する前に、メンバー選定を考える必要がある。従来の防災マニュアルであれば、総務、労働安全衛生委員会、警備、自衛消防隊などの担当者クラスがメンバーだった。しかし、「第三章　1　リスク統合とBCMの基本概念」で述べたように、個々のリスクだけでなくさまざまなリスクを統括してこそ、真のBCMとなりうる。そのための防災・危機管理マニュアルであるからには、その策定、改定にかかわらず、必ず経営幹部、関連部署の責任者クラスをメンバーに加える必要がある。特に企業として継続を優先させなければならない事業のプライオリティや、BCMを可能とするための投資など経営幹部が了承しない限り進行しない会議であるからである。

前述のUGGの場合、リスクマネジメント委員会チームにはCEO、CFOを含む役員のほとんどがメンバーに入った。その目的は、それぞれのビジネスでUGGが直面している財務、資産、災害を含めたすべてのリスクを特定するためだった。「目立った働きをしてきた者、国際的な視点からこの会社のことがわかっている者、あるいは広範な会社の操業・運営を代表する者から選んだ」と、ＣＥＯのBrown氏は述べている。一流の企業ほど、リスクマネジメントが経営にとってどれほど重要かを認識しているのである。どんなマニュアルをつくれるかは、どんなメンバーを集めるかで決まるのである。

(1) 防災・危機管理策定（改定・活用）会議メンバー（例）

① 経営幹部全員
② 法務担当部署
③ 総務担当部署
④ 広報・渉外担当部署
⑤ 財務担当部署
⑥ 事業担当部署
⑦ 営業担当部署
⑧ 人事担当部署
⑨ 自衛消防組織担当部署
⑩ 警備担当部署
⑪ 労働安全衛生担当部署

⑫　情報システム担当部署
⑬　施設管理担当部署
⑭　外注管理担当部署
⑮　生産・在庫管理担当部署
⑯　車両管理担当部署
⑰　営繕担当部署
⑱　仕入れ・購買担当部署

思いつくまま関連のありそうな部署を書き出しただけでもこれだけ列挙できる。つまりこれほど多岐にわたってリスクが分散されていたということでもある。メンバー選択時に考慮しなければならないことは、防災・危機管理マニュアル策定メンバーのなかからBCM推進組織や、危機管理センターの主要メンバーを選出することも念頭に入れてキャスティングする必要があることである。

そのコアメンバーまたは座長となるのは、将来防災・危機管理センター責任者になりうる人をあらかじめ経営幹部と相談し人事部などにも根回ししてから会議を開催すると、スムーズに進行すると思われる。

そして、会議開催前にコアスタッフが議題案（たたき台）づくりを行い、出席予定者へ事前に配布しておく。

(2) 防災・危機管理マニュアル策定(改定・活用)会議次第(例)

① 現状の防災マニュアルについての制定経緯と趣旨の説明
② マニュアル策定(改定・活用)の必要性と目的の説明
(リスク対策強化、リスク統合、コスト削減など)
③ マニュアル策定スケジュールについて討議(事務局案提示)
(できるだけ具体的な月日として、機関チェック、調整、承認、マニュアル印刷、配布、研修、訓練など活用のための日程をあらかじめ設定する)
④ 策定会議メンバーの役割分担の討議(事務局案提示)
(各部署で従来実施していたリスクの洗い出し、統合のための合理的案づくり等)
⑤ 現状不足している情報、データ等の収集、調査、整理などの事前必要作業の討議
⑥ 次回日程と次回議題の討議

資料収集、調査等の場合もいつ、だれが、どんな内容のものをどこへ提出するかを決めておく。そして、こうした作業で大切なのは、一時間程度の短時間で会議を終了させるようにしないと、冗長にすぎることになってしまうので注意が肝要。また、私のような外部専門家に立ち会っ

てもらい客観的な意見を求めることをお勧めする。

◎時間を長くかけるより、メンバーの質と集中度を高めるほうが会議は成功する。

2 マニュアル策定コンセプト

マニュアル策定作業を迅速かつ合理的に進めるため、「マニュアルコンセプト」と「防災・危機管理数値目標」を明確にする必要がある。コンセプトはあらかじめカットせず、複眼的、多角的に全体を網羅すべきである。コンセプトは体系的な項目を網羅することにより安全の死角をなくし、数値目標によって事前対策、緊急対策、復旧対策をより鮮明に具体的にする効果が期待できる。従来のマニュアルは一般的にかくあるべきという抽象的目標を掲げるにすぎなかった。それはゴールのないマラソンのように、インセンティブ不在の不毛レースと同じである。

数値目標の主な例をあげると、

① 大規模地震発生時において、施設内における社員等の死傷者ゼロを目指す。
② 大規模地震発生時において、社員等は一時間以内に安否確認をすべて完了する。
③ 大規模地震発生時において、一二〇時間以内に事業再開を目指す。

こうした数値目標を掲げることにより、何をどこまでやらなければならないかの具体的なプロセスが生まれ、施設の耐震補強、資機材の備蓄、バックアップオフィス等の輪郭が鮮やかに浮かび上がってくるのである。

(1) マニュアル策定コンセプト(例)

① 目的
② マニュアル運用地域(本部、拠点、事業所など)
③ 規定リスク範囲またはリスクの定義(リスクの種類など)
④ マニュアル適用範囲(正社員、臨時社員、派遣社員、来社中のゲストなど)
⑤ リスク・アセスメント
⑥ 復旧事業の重要度定義
⑦ 危機レベルの定義
⑧ 用語の定義
⑨ 事業別目標復旧時間・RTOの設定
⑩ 防災・危機管理組織と職掌
⑪ 指示命令系統と緊急連絡網

⑫　通信ネットワーク
⑬　危機レベル・シチュエーション別緊急行動マニュアル
⑭　事前対策とその優先順位
⑮　組織別、事業別緊急対応策
⑯　災害対策本部設置基準と緊急要員職掌
⑰　緊急要員参集計画
⑱　危機レベル別社員緊急帰宅計画
⑲　緊急時におけるチェックリスト
⑳　緊急時における通信連絡方法
㉑　緊急用書式・様式
㉒　リスク別実務マニュアル（Q＆A）
㉓　防災・危機管理協定
㉔　発災時における社会貢献基準
㉕　バックアップシステム（オフィス、ライフラインなど）
㉖　緊急時用備蓄資機材一覧表
㉗　防災・危機管理関係機関連絡先

(2) ビジネスへのリスク・インパクトと対策の費用対効果の検証

防災・危機管理は常にプライオリティを検証することから始まる。発災時といえどもすべての業務を完璧に管理されることが望ましいが、大きなダメージを免れた限られた状況（インフラ、スタッフ、社会環境等）下で、事業継続を推進するためには業務の優先順位を選択しなければならない。つまり、費用対効果も勘案するとあれもこれも守れないとしたら、その企業にとって存廃にかかわる業務の重要度を決めることである。そのコンセプトをあげると、

① 中断または損傷を受けると、二次災害に発展する可能性のある業務
② 中断または損傷を受けると、社会的に大きな影響を与える業務
③ 中断または損傷を受けると、企業の存廃にかかわる業務

などがあるが、そこには企業のポリシーが反映され高度の経営判断が求められる。

優先すべき重要業務が選択されたら、その重要業務への災害別、状況別、時系列別のリスク・インパクト（risk impact・影響度）を分析、そして、影響を減少させる手段と対策、費用（投資）対効果（影響ダメージの減少度）を検証しなければ、危機管理プライオリティ、コスト、効果を推量できない。しかし、リスク・インパクトの定量化はさまざまな要因を勘案しなければならない。たとえば大規模地震を想定した場合、道路や交通網が寸断され、電気、電話、水道、ガスな

大規模地震発生時・時系列別復旧進捗度想定（%）例

発災～	1時間	12時間	24時間	48時間	76時間	5日目	7日目	10日目
電気	0%	10%	20%	30%	40%	50%	60%	80%
水道	0%	10%	15%	20%	25%	30%	40%	50%
電話	0%	10%	20%	30%	50%	65%	80%	100%
ガス	0%	0%	0%	0%	5%	10%	15%	15%
道路	5%	10%	15%	20%	25%	30%	50%	70%
交通機関	0%	0%	5%	10%	20%	25%	30%	50%
社会秩序	0%	10%	20%	30%	50%	60%	80%	100%
金融機関	0%	5%	15%	30%	50%	70%	100%	100%
安否確認	0%	5%	20%	30%	80%	100%	100%	100%
事業A	0%	5%	15%	30%	50%	70%	80%	100%
事業B	0%	5%	10%	20%	30%	50%	60%	70%
事業全体	0%	5%	15%	25%	30%	50%	60%	70%

どのライフラインが断絶している状況下では、被害範囲、被害状況によって、大きく左右される。

特に時系列別影響度の検証は、災害発生時における企業を取り巻く環境、二次災害の可能性と被災状況により時々刻々と変化する状況の洞察がきわめて重要である。被災した道路、交通機関、ライフラインの復旧状況によって影響度も変化していく。インフラの復旧状況に連動して業務の復旧・再開時間と復旧率を想定する。

時々刻々と変化する被災ファクターの復旧状況を考慮し、時系列ごとに事業復旧度合いを想定していく。発災時後における事業復旧というのは、インフラ復

対策、投資後の復旧改善率（アップ率）

発災〜	1時間	12時間	24時間	48時間	76時間	5日目	7日目	10日目
事業A	0％	＋5％	＋10％	＋30％	＋50％	＋80％	＋90％	＋100％
事業B	0％	＋5％	＋10％	＋30％	＋50％	＋60％	＋80％	＋90％
事業C	0％	＋5％	＋10％	＋30％	＋50％	＋70％	＋80％	＋100％
事業全体	0％	＋5％	＋10％	＋30％	＋50％	＋80％	＋90％	＋100％

事業別目標復旧時間の設定（時系列別・事業復旧率）

発災〜	1時間	12時間	24時間	48時間	76時間	5日目	7日目	10日目
事業A	0％	10％	20％	70％	100％	100％	100％	100％
事業B	0％	10％	20％	50％	80％	90％	100％	100％
事業C	0％	10％	20％	40％	60％	70％	80％	100％
事業全体	0％	10％	20％	50％	70％	80％	90％	100％

旧、要員確保、システム補修進捗状況など多くの要因により変化していくと考えられるので、ゼロか一〇〇かではなく、率で考えるべきである。

影響ダメージの減少効果とは、災害時の重要事業におけるＲＴＯ（Required Time Objective・目標復旧時間）の短縮、利害関係者ステークホルダー（stake holder・利害関係者）へ与える波及効果なども検証すべきである。それぞれを想定するときに前提とするのは、最悪を想定しなければならない。そして、事業継続ＢＣＭだけでなく、周囲の被災状況に配慮しながら事業の復旧を図ることも重要である。

前述したように、発災時における企業がとるべきスタンスは、加害者にならない（再発防止、二次災害防止、早期事業復旧・再開、利害関係者に被害を波及させない（二次災害防止）、傍観者にならない（被災地、被災者と困難を共有し、支援、救援活動）である。

時系列別、事業別業務復旧・再開時間の目標設定によって、対策の仕方、コストなどが決まってくるので、多角的かつ複眼的なミーティングを重ねコンセンサスを得ることが重要である。特に、要員確保とインフラ復旧状況が重要なファクターとなるため、緊急参集計画、インフラバックアップ態勢との関連を明確にしておく必要がある。

3 現状の防災・危機管理の把握と情報収集

企業形態、業容によって異なるが、本社、各拠点、関連企業などですでに策定している対策やマニュアルを取り寄せ、現状の防災・危機管理対策の状況を把握する。たとえば大規模地震対策を例にとると、法定計画が義務づけられている地域（大規模地震対策特別措置法に基づく強化地域、東南海・南海地震にかかわる防災対策推進地域、日本海溝千島海溝周辺に係る防災対策推進地域など）によっては、地域特性が変わってくる可能性がある。それぞれの都道府県、市町村別の地域防災計画や震災予防条例などに基づき策定されたものもある。さらに、活断層やプレート境界地震などの被害想定、地震、水害、噴火などのハザードマップ、防災マップ、広域避難場所一覧など、拠点の立地地勢、新しい防災情報などを調査、収集しマニュアル策定に備える必要がある。また、国民保護法制に基づいて、企業に対する規定を設けている地域もあるので、本社、各拠点が連携して情報を共有しておく。そのほかにも就業規則や防災に係る消防規定など社内で作成済みの関連規定との位置づけ等も考慮する必要がある。本部と支部との関係や位置づけなども考慮したうえで、防災・危機管理マニュアル策定には、各種関係法令が関与してくるので、根拠となる法令を準備確認しておくべきである。

〔主な防災関係法令〕

① 消防法
② 災害対策基本法
③ 災害救助法
④ 危険物取締法
⑤ 労働安全衛生法
⑥ 大規模地震対策特別措置法
⑦ 武力攻撃事態に係る国民の保護に関する法律

⑧　個人情報保護法
⑨　ＩＳＯ・リスクマネジメント標準・翻訳版と用語定義・翻訳版
⑩　ＪＩＳ・リスクマネジメント関連基準
⑪　各種事業法令

4 リスク特定

(1) リスクの認知・特定

リスクマネジメントの最初のプロセスは、リスクを予見、分析、算定、評価するリスク特定(risk identification) から始まる。潜在するリスクの洗い出し（リストアップ）は既存セクションだけでなく、セクション間の隙間にも眼を向けなければならない。リスクマネジメントでいうところのリスク認知（risk perception）は、多くはその国、社会、企業、人が年月を経て積み重ねてきた風土や経験則的文化によって異なり、主観的側面で大きく左右される。つまり、事象、状況によって、それをリスクとして認めるか否か、リスク認知もしくはリスク知覚はISO/IEC Guide

73：2002では「ステークホルダー（stake holder・利害関係者）が一連の価値観や関心事に基づきリスクをどのように考えるかであり、ステークホルダーのニーズ、課題、知識により変化する」としている。

つまり、企業とステークホルダー間のリスク・コミュニケーションで重要課題となるのが、このリスク認知または特定であるが、コミュニケーションが欠落していると、時にステークホルダーと企業とが、まったく違う角度でそのリスクをとらえてしまうケースも生まれる可能性がある。社内の各セクション間でも同じことが起こりうることに留意すべきである。

(2) リスクの転嫁・移転

保険でリスク・リカバリーまたはリスク・ヘッジすることを優先してきたセクションと、リスクはリカバリーやヘッジにウェートをかけるより、予防、回避などの事前対策にエネルギーとコストを集中すべきと考えているセクション、さらにはリスクを過大評価しそれを公表すれば営業的にマイナスになると考えているセクションでは、まったく違う角度からリスクをとらえ、企業内の同床異夢を生み出す可能性がある。つまり、リスク・コントロール対象として特定するか、リスク・ファイナンスの填補措置を講じる対象として特定するかの違いが生まれる。そして、そこにはリスクの転嫁または移転（risk transfer）も同時検討される手法と思われる。たとえば顧客

図5　リスクマネジメント・イメージ3

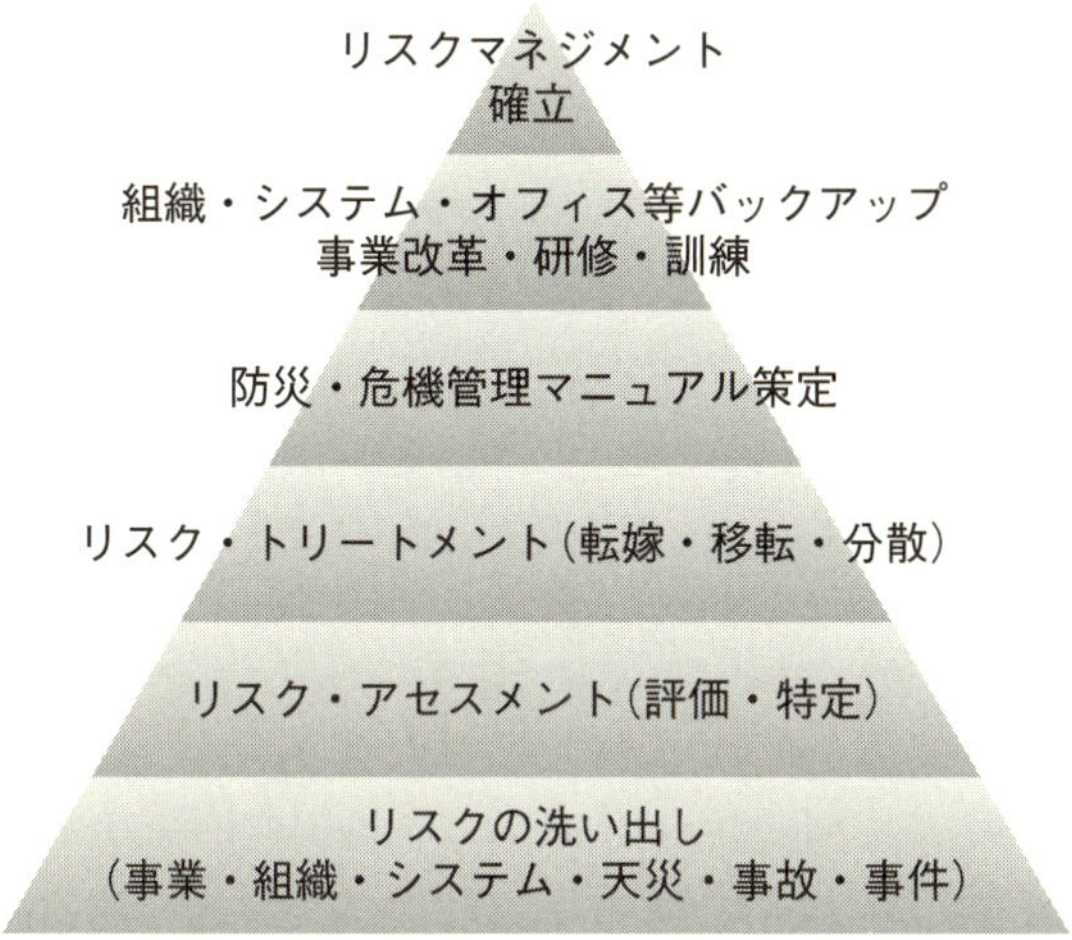

に対するリスクで、転変地変によって生じた損害や問題はいっさい補償しないで転嫁（免責）・あるいは移転することで、自社リスクとしないとすると、それはリスクではあるが小さなリスクにランクされることになる。

しかし、ISO/IEC Guide 73：2002（TRQ 008：2003）による、「リスクの移転」の定義では「リスクに関して、損失の負担、または利益の恩恵を他者と共有すること。備考1．法規制上の要求事項、あるリスクの移転を制限、禁止、または命令することがある。備考2．リスクの移転は、保険、または他の合意によって実行されることがある。備考3．リスクの移転は、新たなリスクを発生させたり、または既存のリスクを変化させたりすることがある。備考4．リスク因子の再配置はリスクの移転ではない」として、ある一定の条件下において認められる免責と認められない免責があるとして釘を刺している。

(3) リスクの結合・分散

リスクの結合（risk combination）は、企業間に存在する同一リスクに対してなんらかの協定を結び、そのリスクを排除または除去しようとすることである。すなわち、価格協定、取引協定、技術協定、生産制限、競争制限などの協定を結び、競争リスクや倒産リスクを排除することである。最近の金融業界再編、統合などもリスクの結合である。言い換えれば、それは企業結合と並ぶリスク処理手段であって、シンジケート、プール、カルテル、トラスト、コンツェルン、コングロマリットなどもその一例である。企業の対等合併、企業の吸収合併、企業の子会社支配等を通じて経営規模を拡大させ、それによってリスクを賄う分母を大きくして、結果として相対的にリスクを圧縮する手段でもある。リスクの分散と結合は相反するように思うが、リスクマネジメントのうえでは同じ線上のコンセプトである。両者ともリスクの縮小化、中和化を図る手段の一つである。そのほか、ベンダーや専門企業などにアウトソーシングしてリスクを移転または免責を意図的に実行する方法も考慮すべきである。

欧米の古い諺であるが「生卵は一つの籠に盛るな」は、リスク分散のことである。リスクによってはダメージを小さくするために、時（time）、所（Place）、場合（occasion）を分散することである。たとえば、業務データのバックアップは、タイミングをずらし、違う場所に、さまざまな場合に備え、想定し分散する。ファシリティやインフラストラクチャーなどが大きなダメージを受けることも想定し、大きなリスクを圧縮、分散することがリスク減少を図るためのテクニックでもある。

⑷　リスク要因の特定

リスクの源泉は主に「自然や環境の変化と人間とのかかわり」にあり、「意思決定の拙劣や決断の失敗」にあると考えられる。つまり、リスクは固定した概念ではなく、流動的な行為のなかでも発生する事象なのである。それはなんらかの決定要因（determinants of risk）の欠如ということもできる。その決定要因をあげると……、

①　管理の欠如（lack of control）
②　情報の欠如（lack of information）
③　時間の欠如（lack of time）
④　感性の欠如（lack of sensibility）
⑤　人格の欠如（lack of character）

と定義されている。

こうした、背景に考慮しながら、現に存在するリスク、想定されるリスクを洗い出すとき、その発生源、リスク因子、リスク発生の想定時期、発生確率など想定シチュエーションと一緒にリストアップしたうえで、社内の共通の認識に基づくリスク認知・特定内容を明らかにしていく必要がある。そのために、必要と思われる役職、セクション、メンバーを交えたブレーンストーミングが欠かせない。

(5) リスク特定作業に必要な準備品

① リスクのリストアップ表
② チェックリスト
③ 過去のリスク発生データ

〔リスク特定手法〕

① セクション別聞き取り調査
② セクション別ブレーンストーミング
③ システム分析
④ ハザード分析

⑤　過去のヒヤリ・ハット事例分析
⑥　過去のトラブル・インシデント・アクシデント事例分析
⑦　外部コンサルタントによる、リスク・アセスメント
⑧　合同ブレーンストーミング

リスク・アセスメントは客観的にみて現在存在するリスク、潜在リスク、将来懸念されるリスクの洗い出し、発生した場合に企業が被るダメージ度、事業継続に対する影響度（評価）を経て、ここでは自社に関係するリスクを特定する。いわばリスクの定義づけである。リスクを特定しリスク対応とその優先順位などを決定する。リスク特定とは別にリスク・トリートメント（risk treatment）という概念があるが、これは特定されたリスクを処理する手段の選択を意味する。

前述したオーストラリア・ニュージーランド規格（AS/NZS 4360：1999）では、リスク・トリートメントをリスクに対処するための適切な方法を選択し実行すること（selection and implementation of appropriate option for dealing with risk）と定義している。また、ISO/IEC Guide 73：2002（TRQ 008：2003）では、リスク対応という概念で規定されている。

5 災害後、復旧優先事業の特定

企業は利潤の追求と事業目的の遂行のためにある。つまり費用対効果のバランスということもできる。すべての経営資源を守り抜くことはコスト的に不可能だとしたら、守るべきものの優先順位をつけざるをえない。特にアクシデント発生時に、どの事業から優先して再開させるべきか、復旧に向けて人、物、金を集中させるべき事業を明確にしておかなければならない。そして、災害後における事業の目標復旧時間・ＲＴＯを規定する必要がある。自社生き残りを優先するか、社会の安寧秩序回復、市民生活復興に重点を置くか、もちろん両立させることが望ましいが、復旧優先事業の特定は、きわめて高度の経営判断が必要となる。また、時間の経過によって環境やニーズが変化するので定期的に見直す必要もある。

広義のサプライ・チェーンシステムに組み込まれている現代の企業は、コンペティターとの関係もあるが、さまざまな災害事例をみてきた限りにおいて、企業エゴよりも、安寧秩序回復や市民生活復興に寄与した企業のほうが、一時的な落ち込みはあっても長い目でみるとその評価が歴然と業績に反映されている。リスクマネジメントの社内ベクトルを統合する意味からも、しっかりした議論を煮詰め社内コンセンサスを得ることが重要である。そのためにも経営陣が理論武装する必要がある。

6 リスク対策予算・緊急対応資金・防災基金

リスク・アセスメント結果によって、施設・システム等の耐震補強が必要となったり、緊急用資機材備蓄、バックアップオフィスの手配、自家発電装置などの設置を推進しなければならなかったりと、リスク対策予算が必要となる。すべてを完璧に対策することはできないまでも、費用対効果を考慮しながら所期の目的であるＢＣＭを全うするための事前対策費用を準備しなければならない。もし、初期費用がかさむのであれば、最悪は年次計画で対応することになる。その場合でも、横並び日程で対策するのではなく、緊急度と重要度を勘案して優先順位を明確にすることが大切。

① リスク対応事前対策予算
② 緊急対策予算
③ 復旧・復興予算（積立基金）

リスク対応事前対策予算と緊急対策予算とをあわせて、復旧・復興予算も必要だが益金処分のなかから、防災積立基金として積立をしている企業もある。緊急対策予算は、緊急時に現金ででも収得しなければならない物資や、被災した社員等への見舞金などに充てる費用である。その他、金融機関の混乱時に緊急決済資金としての準備もあらかじめ必要である。通常の災害などではさほどの混乱は起きないと思われるが、広域的大災害などの場合、ファシリティやインフラストラクチャーのダメージが長期にわたる可能性も考え、オペレーショナルリスクを含め財務的なバックアップの体制も考えるべきである。

7 重要拠点の特定

企業にとって事業を推進する拠点を特定しその確保が重要である。たとえば新聞社の本社がダメージを受けたとしても、印刷は全国に散在する拠点工場でバックアップすることが可能である。いまは昔と違って通信回線の確保さえできれば記事を送ることはさほどむずかしくない時代である。しかし、記事の収集、整理、割付等はコンピュータで行うにしてもそれは人手に頼らなければならない。その場合、人が集まり、作業をして、データを入出力する場が必要になる。そして、情報収集や社員の安否確認する場、善後策を講じるための連絡場所などの災害対策本部を複数定めておかなければならない。バックアップオフィスはバックアップの項でも述べるが、災害が同時に発生する可能性のある場所に設置することは合理的でなく、かといって道路や交通が不便な状況下で社員の居住地から遠距離の場所では意味がない。だとすると、あらかじめ重要拠点を定め災害などのダメージを受けにくいための対策を施しておく必要がある。それは、重要とされる事業の継続と関連して定めることである。

8 防災・危機管理マニュアルの位置づけと他の法令・規定との整合性

この項目は条文のなかに組み込む場合と、附則として末尾に定義される場合もあるが、判断は企業の考え方である。ここでは、遵守すべき各種事業法、各種法令、企業が規範とする社内規定や監督官庁に提出済みの消防規定などとの整合性をもたせ、マニュアルの位置づけを明確にするものである。「第四章3」参照。

防災・危機管理に関する法令であれば消防法、災害対策基本法など、条例であれば災害防止条例やオフィシャル計画であれば地域防災計画・防災基本計画など、マニュアルの各条文は関係法令を拠り所とする旨などを明確に示す。つまりマニュアル策定の根拠法令を明示することである。それは、関係法令の改定や、担当者が変わった場合にもマニュアルが基準としたルーツを示しておく必要があるからである。

特に、「情報セキュリティポリシー」「プライバシーポリシー」「コンプライアンス規定」などの社内規定や注意事項、遵守義務、指示命令系統、ヒエラルキー、賞罰、評価、勤務時間、報酬などがあるが、緊急時はそれらとの関連と同時に一時的に超越せざるをえない状況を想定しあらかじめ緊急時における優先順位を規定しておく必要がある。

緊急処理事案は合議制や多数決等の制度はなじまない場合が多い。そうした超社内規定部分と、整合性をもたせる部分をマニュアルの初期段階に明示することが重要である。また、本部、拠点、関係会社などのマニュアルとの位置づけと指示命令系統などとの関連も明示する。

9 レピュテーション・リスク管理

企業にとって、好感度を維持することはきわめて重要である。一般消費者対象に英国モリ社が行ったアンケート調査によれば、購買の意思決定をする場合消費者の七五%がその企業のレピュテーションが影響していると答えている。

それはまた、企業にとってレピュテーション・リスクを回避する対策がいかに重要であるかを顕著に物語っている。企業にとってこの厄介だが重要なコンセプトの維持・向上が普遍的経営課題である。

「昨日から寝てないのだ！」二〇〇〇年に発生した雪印乳業集団食中毒事件で、謝罪会見した社長に食い下がる記者を振り切ろうと放った社長のこの一言。このシーンはニュースやワイドショーで繰り返し流され、雪印を最悪の企業に変えてしまった。それまでミス・事故と思っていた人たちがこれは企業犯罪に違いないと、考えを一八〇度変えるに十分な発言だった。それは社長のレピュテーション観念欠落と、リスクマネジメント不在が明らかになった瞬間でもあった。経営資源のなかの六〇％は企業ブランド、企業イメージでありレピュテーションと指摘する格付会社もある。

災害、事故、事件などが発生したその時、目の前の災害そのもののリスクと同時に、企業の緊急対応、措置内容によってレピュテーションが左右される。さらにもっと重要なのは、企業としての情報公開態度、責任者が行う記者会見が影響を与える。それらをメディアコミュニケーションまたはメディアリレーションとしているが、マスメディアへの情報公開は手段ではなく企業姿勢として考えなければならない。そうしたレピュテーションは単に広報だけではなく、法務、クレーム処理、電話応対、受付嬢の態度にも影響される。防災・危機管理マニュアルでその重要性と、危機に陥った場合の対応策および原則（レピュテーション・ポリシー）を明記するとともに、ロールプレイング、研修、訓練などにより定期的に啓発・点検する必要がある。

第五章

防災・危機管理マニュアルの策定例とその解説

1 前　文

「前文」は単なるプロローグやあいさつではなく、企業や組織における防災・危機管理についての基本概念を提示するもので大変重要な指針となるべき一項である。主に次のスタイルに分けられる。

① 格調高く「安全モラル」を責任者が直接呼びかけるメッセージタイプ
② 創立以来の受け継がれてきた安全に係る考え方や企業風土の推進経緯説明タイプ
③ 時代や環境の変遷を説き、新たなマニュアルの必要性の理解を求める協調タイプ

業容、業態、社風などにより伝統に配慮しながら、安全に対する基本的な考え方を述べると同時に、企業としての誓いであり社会に向かっての宣言となる。

その企業が防災・危機管理に関して、どんなポリシーをもっているかの宣言を前文の形で表明する。普通はトップがその企業の方向性を簡潔に開示する意思表示として大変重要なページである。このマニュアルは、企業がリスクマネジメントに取り組む強い姿勢を内外に明らかにすることである。呼びかける対象は、社員だけでないことも意識すべきである。社員や関連会社とともに、株主、投資家、格付会社、マスメディアなどにも公開することを意識して宣言すべきであ

（前文）　〈作成例①〉

防災・危機管理マニュアル策定にあたり

本事業所は、有史以来繰り返し発生する首都圏直下地震発災時、震度6弱以上の強い揺れに襲われることが想定され、いつ大規模地震に見舞われても不思議のない地勢に立地していることを自覚する必要があります。

こうした自然災害や火災、爆発、事故、テロ、サイバーテロ、モラルハザード、敵対的買収などのリスク発災時、いつ、いかなる場合においても社員等とその家族、そして顧客の身体生命財産の安全を図ることを優先します。そして、リスクを予見しリスクをなくすための努力をするとともに、発災時は被害を軽減・回避し、経営資源の毀損を防ぐとともに、二次災害防止などの緊急対応が適切かつ迅速に遂行できるよう、多様なリスクに対し実践的な防災・危機管理マニュアルを制定します。

また、本事業所は○○グループの一翼を担う企業として、発災時には関係企業と協力し早期復旧・業務再開による事業継続（BCM：Business Continuity Management）が望まれます。そのために、隣接する各事業所との連携強化、合同防災・危機管理体制、関係救援グループ受入れ態勢などの構築も必要です。そして、諸先輩が永年培い育成してきた企業市民としての社会的信頼や企業イメージを損なわないために、エシックス（ethics：倫理、道徳）を守り、レピュテーション（reputation）を高める努力を怠ることはできません。さらに地域の一員として、発災時、近隣被災地域へ適切な支援活動ができるようあらかじめ研究・準備しておく必要もあります。

事業の継続・発展を支える安全は座して得られるものではありません。目的達成のためには、平常時の情報収集・研究・対策、そして、安全担当者のみならず、社員一人ひとりの防災・危機管理意識を確立することが最も重要と思います。そのために、防災・危機管理意識啓発のための社員教育・研修、実践的防災・危機管理訓練の実施などを積極的に推進してまいります。

安全はひとり当事業所のみの課題ではなく、グループ全体のBCMと安全社会構築の一端を担う責任と使命があります。本防災・危機管理マニュアル制定を機に単なる「安全への参加」ではなく、社員一人ひとりが一定の役割を認識し責任を果たす「安全への参画」を期待します。

年　月　日

○○工業株式会社　○○事業所
代表取締役社長　○○太郎

る。列挙すべきポイントは以下のとおりである。

① 現状認識
② 自社が目指そうとしているもの
③ リスクマネジメントに対する企業としての考え
④ リスクに対して事前準備をして立ち向かう姿勢
⑤ マニュアルを基準に全社一丸となってリスクを予防、回避、克服する努力への誓い
⑥ 支援と協力の要請
⑦ 地域・行政・関連企業と安全の共創を図り連帯して安全社会に寄与する姿勢

2 目的等

(1) 「目的」(作成例②参照)

実質上この「目的」が第一条となる。「前文」のポリシーや宣言に呼応した明晰・簡潔な文章を心がける。企業がマニュアルに託して目指す到達点とそのプロセスを明示する場なので、枝葉

第一章（「目的等」）　〈作成例②〉

1、目　　的

本マニュアルは大規模地震などの自然災害およびテロ、事件、事故など別に規定するリスクに関して、○○株式会社本社および各事業所における防災・危機管理についての必要事項を定め、リスクの予防・回避および発災時の人命の安全ならびに被害の抑制・軽減、二次災害防止、早期業務再開を図るとともに、企業市民として社会的責任を果たすことを目的とする。

末節にとらわれず企業のあるべき姿とマニュアルの方向性を謳う。つまり、

① マニュアルの位置づけ
② マニュアルが目指す目的
③ マニュアルの全体ベクトル

BCM事業継続の必要性、すべての業務でリスクマネジメントを経営戦略として考えることの重要性などを明示する。特に「目的」のなかで留意すべき点は部署別に、より具体性のある目的（場合によっては数値目標を掲げるなど）を明示・規定することが大切である。

極力難解な単語を避け、疑念が挟まれる余地のない平易で、かつ簡潔な文章が求められる。

(2) 「準拠法令」（作成例③参照）

マニュアル策定にあたり、防災・危機管理に係る基本法令との関連、および企業の業務業態により規制される各種法令や技術基準な

〈作成例③〉

2、準拠法令

本マニュアルは、消防法、災害対策基本法、大規模地震対策特別措置法、東南海・南海地震に係る地震防災対策の推進に関する特別措置法、防災基本計画、○○県地域防災計画、○○市地域防災計画および個人情報の保護に関する法律、労働安全衛生法、個人情報保護法、国民保護法制ならびにその他防災・危機管理に関連する法令に準拠するとともに、○○就業規則および震災対策要綱、環境安全要綱、ITセキュリティポリシーなどに準拠して定めるものとする。

どとの位置づけを明示する。また、自社就業規則やコンプライアンスのための社内規定などとの関連性もあわせて規定する。通常は会社法、消防法、災害対策基本法、災害対策救助法、大規模地震に係る特別措置法などの法律と、中央防災会議などが出す防災基本計画、ガイドライン、大綱などとともに、地方自治体が策定する地域防災計画や各種条例との整合性を図る。また、本社や拠点が別にある場合にはそれぞれが整備している防災・危機管理規定との関連があればその優先順位および位置づけを明示する。

(3)　「適用範囲」（作成例④参照）

本マニュアルを遵守すべき範囲を規定する。それは地域、人、その属性等を含め、対象を明示することによってマニュアルの特定化を図るものである。たとえばマニュアルを遵守すべきものとして、正社員および準社員（派遣、アルバイト等）だけでなく、顧客、取引業者など発災時に施設内にいる関連者を

〈作成例④〉

3、適用範囲

本マニュアル対象者は、事業所等に勤務する社員とする。ただし、勤務時間内に発生した場合は、関係会社および出入りするすべての者に適用する。

も対象とする。一般的には「当該事業所およびその施設」「当該事業所等に出入りするすべての者」とする場合が多い。

(4)「主管課」(作成例⑤参照)

マニュアル策定、改定、利活用に係る主管課を定義する。従来企業の防災・危機管理については、警備、保安、総務、広報、法務などが別々に主管することが多かった。しかし、防災だけでなく総合防災マニュアルとすれば、防災・危機管理センターなどの組織や委員会が主管となる場合もあるが、企業の考え方や組織所掌により実務的な管理を行う主管を定めることが必要である。拠点などがある場合は、拠点ごとに主管を決めておく場合もある。

(5)「定義」(作成例⑥参照)

本マニュアルで使用する用語などを定義する。たとえば、消防法等で使用される用語定義で「「関係者」とは、防火対象物における所有者、管理者、占有者を指す」というように、当該マニュアルで使用する用語の定義を統一する。関係法令およびＪＩＳやＩＳＯ規格に関する用語定義を参考にしながら定義す

〈作成例⑤〉

4、主 管 課

本マニュアルの運営は○○工場における「防災・危機管理監」または安全環境課を主管とする。

る。企業によって既存の用語定義、文書様式定義などがあればその整合性を求めつつ、他の文書などを参考にして共有しやすいコンセンサスの得られる定義づけを行うことが望ましい。さらにわかりやすくするには、五十音順などの索引を末尾につけるのも一考である。

この定義により、本マニュアルの方向性や基本概念が規定されることになり、簡潔、明晰が求められるので多角的な検証・評価が必要となる。

〈作成例⑥〉

5、定　義

本マニュアルにおいて使用する用語は別表に掲げるもののほか次のように定義する。

⑴　リスクとは、事業所等の経営資源の損失または影響・障害をもたらすと思われる事象の発生および可能性をいい、主に次に掲げるものをいう。

①　事業所等に影響を及ぼす（またはおそれのある）自然災害リスク

②　事業所等に影響を及ぼす（またはおそれのある）事件・事故リスク

③　事業所等に影響を及ぼす（またはおそれのある）テロ・社会騒乱リスク

④　事業所等に影響を及ぼす（またはおそれのある）その他リスク

⑵　発災時とは、上記リスクが発生した場合および発生のおそれのある場合をいう。

⑶　警戒宣言とは、大規模地震対策特別措置法に定める内閣総理大臣が行う公示または通知をいう。

⑷　観測情報、注意情報、予知情報とは、大規模地震対策特別措置法に定める気象庁長官が発表する情報をいう。

⑸　災害対策本部とは、発災時、名古屋製造所に設置する防災・危機管理の中軸を担う指揮本部組織をいい、本社に設置される災害対策本部は「本社災害対策本部」という。

⑹　経営資源とは、社員等の生命財産、生活と健康、金銭的資産、不動産や設備等の物的資産、情報、技術および当社が置かれている社会的信用・経済的環境等をいう。

⑺　社員等とは、事業所等の社員および発災時に構内・施設内にいる関係会社社員および出入りするすべての者をいう。

⑻　防災・危機管理監とは、防災・危機管理を推進する事務局的機能を統括するもので、社長が任命するものをいう。その職掌等については別に定める。

⑼　安全行動とは、発災時においてまず身の安全を図り、迅速にシャットダウン通報連絡および救出、初期消火など二次災害防止、災害回避、被害軽減のため適切な緊急行動をいう。

⑽　シャットダウンとは、取り扱っている設備・機器等を安全に停止するとともに、火気対策など二次災害防止のため必要な安全措置を行うことをいう。

⑾　防災対策班とは、防災組織のなかのタスクフォースとしてそれぞれ班ごとの職掌を通じ、発災時、被害軽減、二次災害防止など経営資源への影響を回避するために、災害対策本部長が任命する班員および班長で構成された組織をいう。

⑿　防災組織とは、発災時において被害軽減、二次災害防止など経営資源への影響を回避するため、災害対策本部長が任命する災害対策本部員および防災対策班で構成する別に定める組織をいう。

3 基本方針

(1) 「基本方針」（作成例⑦前半参照）

防災・危機管理ポリシーなどの基本方針。「身体、生命の安全第一」などの優先すべき安全コア、企業として防災・危機管理にかかわる基本的スタンスを明快に明示する。マニュアル理念および支柱となるべき原則を定義する。

(2) 「リスクの予見・発生時の行動と心得」（作成例⑦後半参照）

大規模地震などの自然災害だけでなく、事故、事件などに発展する可能性のあるものとして定義されたリスクに対応する基本原則を明示する。基本はリスクの状況把握と行動するための心得が重要である。できるだけ、その企業の業態（実態）にあわせた具体的事例をもとにして明示する。

第二章（基本方針）　〈作成例⑦〉

1、基本方針

目的達成のために次の方針を定める。

(1) いつ、いかなる場合においても、人命の安全を最優先とする。

(2) 事業所等を取り巻くさまざまなリスクを予防、回避、克服し、業務責任の履行および経営資源保全のために日頃から必要な取組みを積極的に行う。

(3) 防災・危機管理の主軸として、防災・危機管理マニュアルを制定し定期的に点検し必要に応じて見直しを図るものとする。

(4) 平常時より防災・危機管理対策機能をもつ事務局として、本部に防災・危機管理監を、総務部に防災・危機管理員（以下「危機管理監等」という）を置く。

(5) 発災時、事業所等に別に定める設置基準に基づく災害対策本部を設置し、所長が災害対策本部長となる。

(6) 発災時、すべての業務・対応・指示・命令は災害対策本部に一元化される。

(7) 発災時、社員等は安全行動をとり別に定める所定の緊急対応にあたるとともに、率先して二次災害防止対策に努めなければならない。

(8) 発災時、社員等は災害対策本部長の指示に従い防災組織の役割を分担するとともに、被害軽減に努めなければならない。

2、リスクの予見・発生時の行動と心得

(1) リスクを予見または発見した場合は、直ちに上司または危機管理監（以下「危機管理監等」という）に連絡報告しなければならない。

(2) リスクを予見または発見した社員等は、人命第一を考え可能な範囲での予防措置、応急対応措置を行うものとする。

(3) リスクを予見または発見した事象が緊急連絡の必要性があるかどうか判断に迷った場合でも、速やかに危機管理監等に連絡・報告するものとする。

(4) リスクの予見または発見の通報を受けた上司等は、直ちに危機管理監等に連絡・報告する。

(5) リスクの予見または発見の通報を受けた危機管理監は、直ちに本部長に報告し災害対策本部設置基準に基づき、災害対策本部を設置する。

(6) 危機管理監は災害対策本部長の指示に従い、リスクを予防・回避し発災時には被害軽減、二次災害防止のため平時より防災情報の収集、防災対策の研究、防災知識の普及、防災意識啓発に努める。

(7) 危機管理監は発災時、近隣被災地域への支援および迅速業務復旧・再開できるよう事前に研究・計画を策定する。

(事象別事前対策および緊急行動についての詳細は、「実務編」参照)

4 組織

(1) 「災害対策本部」「防災対策班」「災害対策本部の設置および解散」「本社およびグループ企業・関連企業との連携体制」「災害対策本部および防災組織図」(作成例⑧⑨参照)

① 組織づくりのポイント

危機管理を戦略的に行う場合、重要なのは「人」「組織」「情熱」である。つまり、決断できる危機管理リーダー(専任の責任者)と危機管理組織(危機管理センター)そして、経営者の危機管理を経営戦略とする情熱(志)の三つである。

危機管理の組織には戦略組織、管理組織、実務組織、評価組織の四つの組織が必要である。BCMとして危機管理組織を考えれば、企業全体の問題点を取り扱うことになるので、すべての関係者がかかわることが大切である。最初の段階ではプロジェクトチームを設置して、期間、目標を定めてスキルづくりにあたる場合もある。上位の戦略組織として経営陣で構成する「リスクマネジメント戦略会議」「リスク管理委員会」「BCP委員会」という名前をつけたプロジェクトチ

図6　リスクマネジメント組織イメージ事例

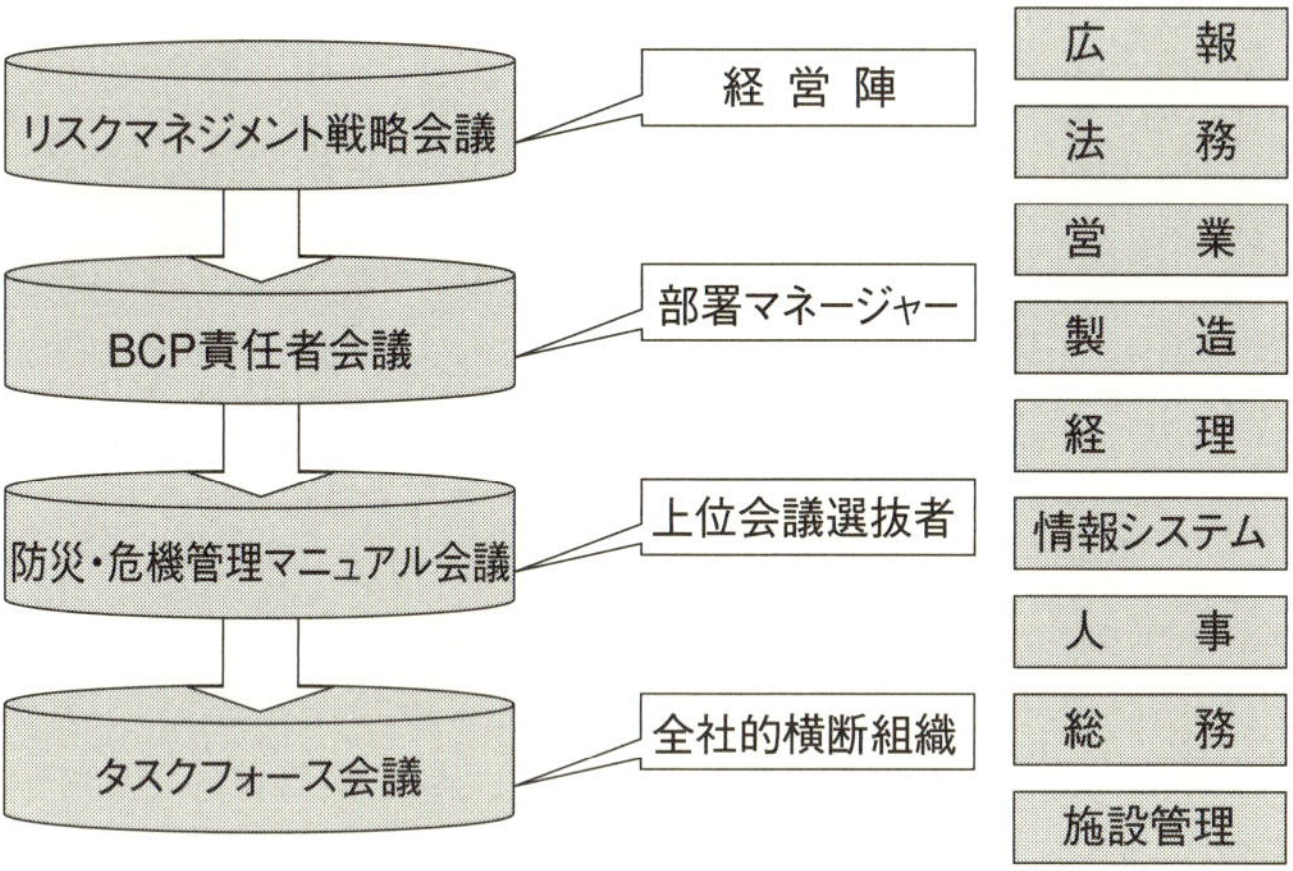

ームを編成した企業もある（図6参照）。

各組織の位置づけは、戦略組織は経営会議（取締役会や専務会）と同レベルとし、管理組織は部課長会レベル、実務組織はスタッフなどの実行部隊。そして、評価組織というのは客観的な目でみられる監査や社外顧問などによるチェック機能である。この評価組織が危機管理において死角をなくすことや企業利益にとってきわめて重要になる。ただし、老害になっているような形式的監査ではなく、頭でっかちの机上の空論を振り回す人でもなく、現場を知っている経験者でシャープに物事をとらえ合理的に処理できる人を選ぶ必要がある。「人を選ぶのも企業の寿命のうち」という言葉をかみしめながら人選するべきである。

そしてリーダーの選択である。各企業が従来策定していた防災・危機管理組織図をみると、責任者は社長か工場長というところが大半である。形式的なヒエラルキーとしてはそれでよい。しかし、社長や工場長は多忙であり、防災・危機管理の専門家でもない。そこで、普段から危機管理の情報を収集、分析し、的確なレスポンスのとれる人間を「危機管理監」に選任し専従とすべきである。そして、いざという時、社長の代理として迅速適切な緊急対応の指揮がとれるようにしておくことが企業利益につながる。危機に遭遇したとき、多数決や合議制はそぐわない。危機に臨み、自分の責任で臨機応変の決断、指示、命令ができる人でなければ務まらない。場合によっては、社長代理として、責任がとれる腹の据わった人材を「危機管理監」に専任することが、経営者のリスクマネジメントに賭ける「情熱」である。そして、組織をつくるとき、どこに重点を置くかということがきわめて重要であり、その企業のポリシーとして、何を守るか、どこにスタッフを重点的に配置するかなど、安全のコアが明確になるような組織づくりを目指すべきである。つまり、防災・危機管理における組織づくりは、企業の志を体現してのマニュアル策定に係るプロセスと密接に関係している。そのプロセスを経た結果、防災・危機管理におけるヒエラルキーが防災・危機管理組織として醸成されることになる。

② 災害対策本部づくりのポイント

災害、事件、事故、テロなどの危機発生の場合、迅速に災害対策本部を立ち上げ、情報収集・分析、安否確認、救出救護などの緊急対応策の指揮命令を行うのが災害対策本部である。東海地

第三章（組織）　〈作成例⑧〉

1、災害対策本部

①　災害対策本部長には所長があたり、本社災害対策本部長の指示のもと災害対策本部業務および防災対策班を総括する。
②　危機管理監は社長が任命する。危機管理監は災害対策本部事務局長を兼務し、発災時、本部長不在の場合本部長代行を務める。
③　本部委員には各部長職があたり、本部長の指示のもと各班などの業務を督励し情報を収集する。本部長および危機管理監不在の場合、筆頭部長が本部長代行を務める（その他本部職掌は時系列本部所掌表に定める）。
④　本部長は本部員を指揮して、被災・防災対策の円滑な緊急対応を推進する。
⑤　対策本部所属の各班長は、本部長および本部委員の指揮に従い相互の連絡を密にし、被災・防災対策の円滑な推進を図るものとする。

2、防災対策班

防災タスクフォースとして、各部署ごとにそれぞれ次に掲げる防災対策班を設置する。各班員は大規模地震などの発災時、自分の身を守り、シャットダウンなどの安全行動、被災状況点検、二次災害防止措置を実施する。班長は各班を統括し本部長および本部委員の指示に基づき、所定の職務を適切に推進するとともに、適宜本部へ状況および結果を報告する。班員は班長の指示に基づき各業務を遂行する。

①　通報連絡班は、被災情報、安否情報、災害情報などを収集し班長を通じ本部長または本部委員に報告し、本部長および本部委員の指示に基づき情報を社員等に伝達する。
②　初期消火班は、発災時被災状況を点検確認し出火を発見または報告を受けた場合、直ちに消防隊に通報するとともに、消火器、消火栓等を用い初期消火に努めるものとする。
③　避難誘導班は、社員等を安全な避難経路により所定の避難場所に避難誘導する。避難場所が危険と思われた場合はあらかじめ定められた優先順位に従って二次避難場所など安全な避難場所に誘導するものとする。
④　救出・救護班は、本部付近で待機し、逃げ遅れた人や要救助者などの救出救護にあたり、負傷者の応急手当てを行った

後救急病院などに搬送する。

⑤　電気班は、直ちにシャットダウンを行うとともに、電気設備等の損傷などを点検するとともに二次災害防止対策を実施し、その結果を班長に報告する。

⑥　警戒班は、発災時施設および敷地内における保安設備の損傷などを点検し、その結果を班長に報告する。損傷により施設における警備がおろそかにならないように応急対応措置を実施する。

3、災害対策本部の設置および解散

(1)　次により、○○事業所災害対策本部を設置する。

①　震度6弱以上の大規模地震が発生した場合

②　注意情報、予知情報、警戒宣言（以下「警戒宣言等」という）等が発令された場合

③　災害対策本部長（本部長不在の場合は危機管理監）が必要と認めたリスク発生および発生のおそれがある場合

④　その他、危機レベル別対応表に基づき自動的に設置

(2)　次により○○事業所災害対策本部を解散する。

①　警戒宣言等が解除された場合

②　災害後応急処理が終了したと判断された場合

③　災害対策本部長（本部長不在の場合は危機管理監）が必要と認めた場合

(3)　災害対策本部設置場所は別表に掲げる。万一事業所が被災し本部長が当該施設内の本部設置または業務遂行が困難と判断した場合、関連事業所またはバックアップオフィス等あらかじめ定める優先順位に基づき災害対策本部を別地域に設置する。

4、本社およびグループ企業・関連企業との連携体制

防災・危機管理監は、所長の指示を仰ぎつつ防災にかかわる関係企業・関係機関および出入り業者などと発災時に備え防災ネットワークを構築し、情報収集および緊急時における相互協力が迅速適切に行えるようにしておかなくてはならない。

震における強化地域周辺では注意情報および警戒宣言発令時は災害対策本部ではなく、災害警戒本部とするように危機レベルによって本部レベルを変えることを定める方法もある。それらは災害本部設置基準で危機レベル別に定める必要がある。また、災害対策本部組織と職掌は全体の防災・危機管理組織とは別に明示するべきである。

本マニュアル策定実務では、発災時に設置する災害対策本部組織について規定する。通常はトップである社長が本部長となり、本部長代行が危機管理監となることが多い。通常職務・職制をもとにした組織編成でシナジー効果を求める場合と、既存職制を超えて防災・危機管理をより実践的に行うための組織とする場合がある。いずれにしても、リスクを予見、回避、圧縮、克服するために最善となるよう意を注ぐべきである。

防災・危機管理センターなどのように平常時から活動する部署と、災害対策本部などのように発災時だけ必要とする組織があるので、その設置基準と解散基準を明確にしておく必要がある。また、最悪を想定して役職者不在の場合は自動的に次席が繰り上がる指示命令系統を定めるとともに、施設損壊等を考慮しリカバリーサイト（バックアップオフィス）など次善策における設置および解散基準なども定めておくべきである。

マニュアル策定において、組織図などは極力ビジュアル化したほうがみやすいが、個別に名前を入れてしまうと、人事異動、組織統廃合などのたびに差し替えなければならなくなるためその部分はルーズリーフ式にするか、職名だけにする場合もある。

③　**既存の防災組織との兼ね合い**

消防法では一定規模以上の建物の権原者（所有者、管理者、占有者）は防火管理者を選任し消防長または消防署長に届ける義務がある。そして、防火管理者は管理権原者の指示を受けて消防計画を作成し消防長または消防署長に届けなければならない（消防法八条一項、消防法施行令四条三項、消防法施行規則三条各項）。

消防法は建物（防火対象物）ごと、棟単位の原則であるが、同一建物内に権原者が複数以上分かれて存在する場合は、共同防火管理を行うこととされている。つまり、オフィスビルなどのようにいくつかの企業が入っている場合、企業ごとに防火管理者を選任し消防計画を届け出るとともに、ビル全体の管理者と共同して共同防火管理体制を敷き、共同防火管理協議事項を提出することになっている。届け出る消防計画には自衛消防組織を設置することとなっているので、企業ごとに自衛消防組織が生まれる。自衛消防組織は原則として火災予防、初期消火、延焼拡大防止を目的とした組織である。

また、東海地震（⇩章末用語解説、以下「⇩用」とする）に関する大規模地震特別措置法（以下「大震法」という）に基づく地震防災対策強化地域（強化地域）における施設・事業で大震法に定める関係者は、消防計画のほかに「地震防災応急計画」（大震法七条一項）または「地震防災規程」（大震法八条一項）を作成し届け出なければならない。また、政令指定都市などでは、火災予防条例や、震災予防計画などで別途提出書類を定めている自治体もあるので確認が必要である。そのほかにも、労働安全衛生法では、業種、規模によって総括安全衛生管理者、安全衛生管理者、衛生管理者選任が義務づけられている。また、一定以上の事業用車両を有する場合には、道路運送車両法によって選任される運行管理者など、業種別の選任者との連携や関係する法令の有無、整合性などを確認しておく必要がある。

そこで、防災・危機管理組織をつくる場合、すでに提出済み消防計画に基づく自衛消防組織や共同防火管理組織を、どういう位置づけにするかという質問が多くある。一般的には、防災・危機管理組織のなかの一組織として組み込む形になる。スタッフが少ない企業の場合は、ダブって担当することもある。いずれにしても、消防法や消防計画との整合性をもたせることが重要である。そして、自衛消防組織を組み込んだ防災・危機管理組織ができあがったら、それを消防長または消防署長に届ければよい。

④　職掌・責務を定めるポイント

組織の役割分担で重要なのは、いうまでもなく平常時と緊急時の役割を明確にすることである。しかし、もっと大切なのは、防災・危機管理において社員全員になんらかの役割と責任を分担してもらうことである。ともすると、防災関係社員だけにきちんとした役割があるだけで、一般社員、女性社員、臨時・派遣・アルバイト社員などは、お客様的にしかとらえない風潮があるがそれは間違いである。防災・危機管理において一人として組織のお荷物はいないし、お荷物にしてはいけないのである。これは防災訓練にも当てはまることであるが、防災関係者とその他大勢という位置づけとなっていて、一般社員や女性社員たちは、ただ人形のようにいわれるままに避難し講評を聞いてもとの仕事に戻るようになっている。それは防災訓練に傍観者として参加したにすぎない。これからの防災・危機管理はすべての社員と関係者になんらかの責任をもってもらうことにより、参加から参画してもらうことが不可欠である。そうした考えをもって、日常業務や自宅の通勤距離などを考慮したうえで、適材適所で防災組織の役割分担をしてもらうことが肝要である。

⑤　タスクフォースのポイント

平常時は全社内を横断して通常業務とリスクマネジメント戦略に基づく職責を全うし、緊急時は災害対策本部の指揮下に入ってそれぞれの役割責任を果たすことを定める。企業特性によって、委員会、班、チーム、隊などと呼称は異なるが、災害対策本部の指示に従い実践的な緊急対応の第一線で行動する。ただし、緊急時はあらかじめ定められた任務終了後はお役ご免ということではない。たとえば消火班の場合、火災が発生しなかったり、火災が発生したとしても初期消火で鎮火したりした場合、それで消火班業務は完了するが、その後は警戒・待機するだけでなく

5、災害対策本部および防災組織図　〈作成例⑨〉

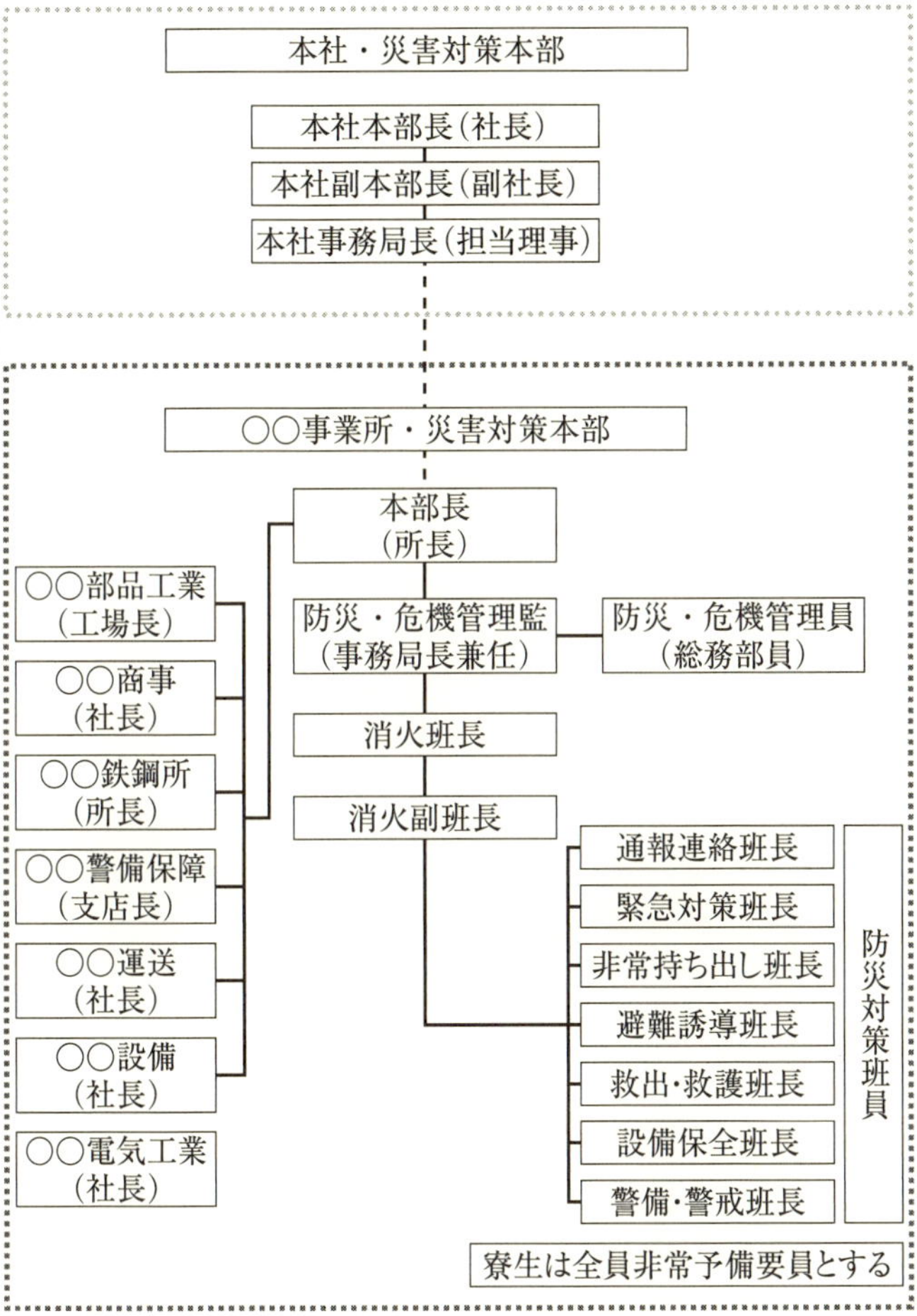
本社・災害対策本部
本社本部長（社長）
本社副本部長（副社長）
本社事務局長（担当理事）
○○事業所・災害対策本部
本部長
（所長）
○○部品工業
（工場長）
○○商事
（社長）
○○鉄鋼所
（所長）
○○警備保障
（支店長）
○○運送
（社長）
○○設備
（社長）
○○電気工業
（社長）
防災・危機管理監
（事務局長兼任）
防災・危機管理員
（総務部員）
消火班長
消火副班長
通報連絡班長
緊急対策班長
非常持ち出し班長
避難誘導班長
救出・救護班長
設備保全班長
警備・警戒班長
防災対策班員
寮生は全員非常予備要員とする

対策本部の指示に従って新しい任務を遂行することになる。そうしたことも考慮して、あらかじめ主業務終了後の任務も考えておく必要がある。

(2)「危機レベル」「危機レベル・状況別原則的緊急行動基準」「緊急配備体勢」(作成例⑩参照)

発災時、連絡手段などインフラストラクチャーの混乱が想定されるので、指示命令を仰いでから行動を起こすことは困難となる。緊急体勢、警戒態勢の規模や各自の行動を明確にするために危機レベルをあらかじめ定めておくことが重要である。つまり危機レベルを定義することである。そこで、緊急事態、厳戒態勢、警戒態勢などあらかじめ危機レベルを規定し、危機レベルを自己判断できるようにして危機レベル別、状況別に迅速な緊急行動ができる体制をつくるマニュアルが重要である。業態によっては緊急時にこそ緊急配備態勢を取らなければならない業務もあるので、危機レベル別のマトリックスを策定しておくことで、自主判断で自動的に緊急配備態勢が整うことになる。

マニュアルの役割は、指示命令されることなく一定の応急対応、緊急体勢が自己判断に移行できるようにしておくことなのである。

6、危機レベル 〈作成例⑩〉

緊急時、自動的に初期対応が迅速に行えるよう災害の度合いによりあらかじめ危機レベルを設定する。

危機レベル	危機の状況（目安）
（レベルA） 緊急態勢 （緊急配備態勢）	震度5弱以上の大規模地震が発生した時 そのほか大規模な災害、事故、事件、テロ等が発生した時 災害対策本部長または危機管理監が「緊急態勢」を指示した時
（レベルB） 厳戒態勢 （厳戒配備態勢）	警戒宣言（予知情報を含む）が発令された時 大規模な災害、事故、大事件、爆破予告など著しい被害発生のおそれがある時 災害対策本部長または危機管理監が「厳戒態勢」を指示した時
（レベルC） 警戒態勢 （警戒配備態勢）	注意情報（観測情報（⇨用）を含む）が発令された時 大型台風直撃予報等、災害等に発展する懸念のある時 災害対策本部長または危機管理監が「警戒態勢」を指示した時

※災害対策本部は、それぞれの状況にあわせ、局地配備、総力配備を指示する。

7、危機レベル・状況別原則的緊急行動基準

レベル／職種	一般社員		経基職	
危機レベル	就業時	休日夜間	就業時	休日夜間
（レベルA） 緊急態勢	安全行動 業務停止 本部指示	安全行動 安否確認 自宅待機	安全行動 業務停止 本部参集緊急対応	安全応急対応 安否確認 緊急参集緊急対応
（レベルB） 厳戒態勢	業務停止 厳戒対応 本部指示	安全応急厳戒対応 安否確認 自宅待機	業務停止 本部指示 厳戒対応	安全応急対応 緊急参集 厳戒対応
（レベルC） 警戒態勢	業務継続 警戒対応 本部指示	注意情報（⇨用） 安否確認 自宅待機	業務継続 本部指示 警戒対応	安全応急対応 緊急参集 警戒対応

※外出中、出張中の場合はその場で、身の安全を図り、情報を収集し緊急連絡網で連絡をとる。
※上記はあくまで原則を定めたもの。不明の場合は本部指示を優先し、臨機応変に行動する。

8、緊急配備態勢

配備の種類	本部	各職場
緊急配備態勢	本部長・危機管理監等・経基職全員・防災対策班全員	
厳戒配備態勢	本部長・危機管理監等	経基職・班長・班員若干名
警戒配備態勢	危機管理監等	班長若干名

※リスク状況に応じ、人員等は災害対策本部長（本部長不在の場合は危機管理監）が指示する。

(3)「災害対策本部の時系列別所掌・チェック表」(作成例⑪参照)

発災時、防災・危機管理組織の初動対応がきわめて重要であり、それにより二次災害や災害規模に影響を与えることになる。しかし、インフラストラクチャーなどの損壊により適切対応が困難な状況が想定されるので、時系列ごとに適切かつ迅速な応急対応をとるためのチェック表をあらかじめマニュアルに定めておく必要がある。そして、防災訓練などでその優先順位などを検証熟知しておくことが重要である。

9、災害対策本部の時系列別所掌・チェック表　〈作成例⑪〉

時系列目安	所掌・事務	指示	確認
発災時 警戒宣言 発令時 予知情報 発令時 注意情報 (⇨用) 発令時 事故・事件 発生時 本部長が認めた時	1　緊急参集に関すること		
	2　災害対策本部設置および解散に関すること		
	3　緊急態勢、厳戒態勢、警戒態勢の指示、解除に関すること		
	4　避難・誘導の指示・命令に関すること		
	5　緊急性・重要性を勘案し優先応急対応指示に関すること		
	6　一次避難場所および二次避難場所に関すること		
	7　在館者数確認に関すること		
	8　被災者の救出・救護に関すること		
	9　社員等および来訪者の人員点呼・安否確認に関すること		
	10　施設、設備等の被災情報収集に関すること		
	11　二次災害防止策に関すること		
	12　各係への支援体制に関すること		
	13　災害情報収集に関すること		
	14　周辺地域被災情報収集に関すること		
	15　災害記録および資料作成に関すること		
	16　緊急持ち出し品に関すること		
	17　個人情報等の保護に関すること		
	18　業務停止または業務継続に関すること		
	19　備蓄資機材等の緊急配布に関すること		
	20　本社への連絡・報告に関すること		
	21　災害記録に関すること		
～24時間	22　社員等の緊急帰宅許可・指示に関すること		
	23　社員等の自宅待機・緊急参集等に関すること		
	24　社員家族等の被災情報収集・支援に関すること		
	25　施設内立ち入り禁止および解除に関すること		
	26　緊急配備計画策定に関すること		
	27　施設等の警備・警戒に関すること		
	28　経営資産保全対策に関すること		
	29　バックアップオフィスへの対応、移動に関すること		
	30　関係企業との共同防災対応に関すること		

	31　本社への被災集計報告・支援要請に関すること		
	32　防災関係機関との情報伝達・協力に関すること		
	33　取引先等の被災情報収集、支援に関すること		
	34　非常時決済対応に関すること		
	35　施設の安全確認および立ち入り許可に関すること		
	36　ライフラインと業者等の情報収集に関すること		
	37　ライフライン等応急復旧に関すること		
	38　復旧・復興会議開催に関すること		
	39　復興計画案策定に関すること		
	40　緊急流通ネットワーク構築に関すること		
	41　緊急時における資機材購入に関すること		
	42　非常時緊急予算・支出に関すること		
	43　関連企業、取引先等への支援要請に関すること		
	44　地域被災者に対する緊急支援に関すること		
	45　被災社員弔問、見舞い、支援に関すること		
	46　被災取引先・被災関係企業の見舞い、支援に関すること		
	47　地域行政機関および監督官庁への報告連絡に関すること		
	48　業務再開日程策定に関すること		
	49　災害記録精査、検証、評価・総括に関すること		
	50　被災再発防止対策に関すること		
24時間～	51　顧客の被災情報収集と被災状況報告に関すること		
	52　概要被害額算定指示に関すること		
	53　復旧・復興資機材調達に関すること		
	54　本社へ復興予算概要報告に関すること		
	55　復旧・復興会議開催に関すること		
	56　事業再開に関すること		
	57　社員等への情報伝達に関すること		
	58　余震等の情報収集に関すること		
	59　被災インフラ復興見通し調査指示に関すること		
	60　事業再開計画に関すること		

〈作成例⑫〉

第四章（事前対策）

1　施設・設備・システムの安全対策

災害対策本部長は危機管理監等に指示し、大規模地震、風水害、その他のリスクに備え、施設・設備・システムの安全対策を行うとともに、チェックリストなどを作成し定期的に点検・整備しなければならない。（「実務編・事前対策」参照）

5 事前対策

(1)「施設・設備・システムの安全対策」（作成例⑫参照）

すべての防災・危機管理は事前対策にあるという言葉があるように、事前対策はきわめて重要である。その事前対策は情報の収集・分析・評価、伝達、リスクの特定、予見、管理などと同時に大規模災害に対する耐震補強、バックアップ対策など広範な対策が考えられる。事前対策を実施する場合、可能な限り数値および達成期限目標を立てて予算化ならびに推進を図る必要がある。

情報収集、リスク特定、リスク・アセスメント、防災・危機管理予算策定、耐震診断、耐震補強、回線、システム、バックアップ、リカバリーサイト（バックアップオフィス）対策などをチェックリストにして、担当責任者および期限を定めて着実に実行することが大切である。その際、自社のスタッフだけでなく私のように数多くの現場調査

2　防災・危機管理訓練　**〈作成例⑬〉**

災害対策本部長は危機管理監等に指示し、毎年、総合防災訓練を行うものとする。また、必要と認めるときは、特定の部署等を指定または訓練内容を指定し、防災訓練を行うことができる。防災訓練は下記による。

(1)　総合防災・危機管理訓練（全社員を対象とした総合的訓練）
(2)　図上演習防災・危機管理訓練（図上で実施する訓練）
(3)　部署等別防災・危機管理訓練（部署・防災対策班ごとに実施する訓練）
(4)　災害想定別防災・危機管理訓練（災害の種別、想定別に実施する訓練）
(5)　緊急参集訓練（休日夜間等を想定した緊急参集訓練）
(6)　緊急配備訓練（危機レベル別緊急配備訓練）

や防災・危機管理マニュアル作成実績と経験をもつ専門家の客観的アドバイスを受けることが重要である。

(2)「防災・危機管理訓練」（作成例⑬参照）

「シナリオどおり終了した訓練は失敗である」これはシリコンバレーのある企業の訓練項目に書いてあった言葉である。シナリオどおりでなく、問題点や課題を発見するために訓練は実施されるのだという認識をまずもつべきである。

防災訓練については消防計画等で定められているが、共同防火管理の場合は共同防火管理協議事項に基づいて防火対象物単位で訓練を実施することになる。また、危険物施設やコンビナート等が隣接して合同防火管理や共同防火管理体制を敷いている場合も、単独と合同の防災訓練が必要となる。防災訓練を規定する場合、マニュアルのほかに防災訓練大綱でスキルを定め、防災訓練要項は年ごとに別に定める場合もある。それ以外にも、都道府県や市町村レベルの総合防災訓練が開催される場合もあり、最近は企業への参加も呼びかけた訓練も多いので、地域防災関係機関や地域の自主防災組織との連携も大切である。

防災訓練をマニュアルで規定するときに大切なのは、形式的な訓練にせずできる限り実践的な訓練とすることである。たとえば、自動火災報知機のベルや非常放送サイレンだけで訓練開始を伝達するのではなく、実際の大地震の効果音などを流しながらベルやサイレンを鳴動させると、より緊迫感のあるビジュアル訓練となる。あるいは、電源を一時落とし停電にし、発煙筒を焚く等すると、照明は誘導等や非常照明の明かりだけで、防火扉や防火シャッターが閉鎖されたなかで訓練して、はじめて災害の怖さを知ることができる。

オフィス等で実施してきた従来の防災訓練は、毎回各フロアから駐車場などの避難場所や近くの広域避難場所へ避難する訓練を繰り返してきた企業が多い。そのため、こうした実践的な迫力のある訓練を実施して「はじめて真剣に防災を考えた」という社員が出てくる始末である。

災害時、皆が逃げてしまったらだれが火を消し、だれが負傷者の救護にあたるのか。逃げる訓練から戦う（災害を迎え撃つ）ことを認識したうえでの訓練にすることが重要である。全体の総

阪神・淡路大震災（1995年）・全国から救援隊が駆けつけ不眠不休の電力復旧にあたった

> 3　防災・危機管理教育、意識啓発　〈作成例⑭〉
>
> 災害対策本部長は危機管理監に指示し、毎年、1回以上社員および新任社員等への防災教育・意識啓発研修を行うものとする。また、新入社員および転入社員等についても着任後3カ月以内に研修教育を行うものとする。

合訓練のほかに、消火、救助、救出、安否確認、連絡・通報・伝達、炊き出し、シャットダウン、被災者支援訓練などの個別の訓練。あるいはフロア別、部署別、事業所別の所属別訓練等訓練方法はさまざまな視点がある。それらを単独または組み合わせて訓練を行うが、そのときに評価員を選任配置して訓練状況についての評価を的確に行うことが重要である。評価員は同じグループのものが行うのではなく、客観的に評価できる人たちを選任することと、主観を交えないようにあらかじめ作成した評価票をもとに点数で、グループや人を評価するべきである。そうした防災訓練の基本的ルール（例、総合防災訓練を年一回、個別防災訓練を年に二回、対策本部訓練を年に二回など）や訓練の意義や期待する効果などをマニュアルにあらかじめ定義しておくことが重要である。

(3)「防災・危機管理教育、意識啓発」（作成例⑭参照）

人は忘れる動物である。そして、環境は常に変化してとどまることはない。また、企業は組織、人事、部署等の統廃合・離合集散がつきものである。こうしたことをふまえて、防災教育および研修ルールをマニュアルで明記する必要がある。特に、転入、新人社員のオリエンテーションは、着任後の期限を定め、防災教育・研修を受入れ側に義務づけることが重要である。

また、年に一度以上は社員全員に教育・研修を定めておく必要がある。そのルールは経営陣であろうと例外をつくらずマニュアルで具体的に定めておかなければならない。できれば年に二回（九月一日の防災の日前後、一月一七日の防災とボランティアの週間前後）に実施することが望ましい。そして、一度は防災訓練と連動して実施すると効果があがる。内容は一般論にならないように、現場主義の専門家などによる事例に基づいた防災思想、防災知識の啓発が大切である。そう

図7　参考：兵庫県南部地震における供給系ライフラインの復旧過程

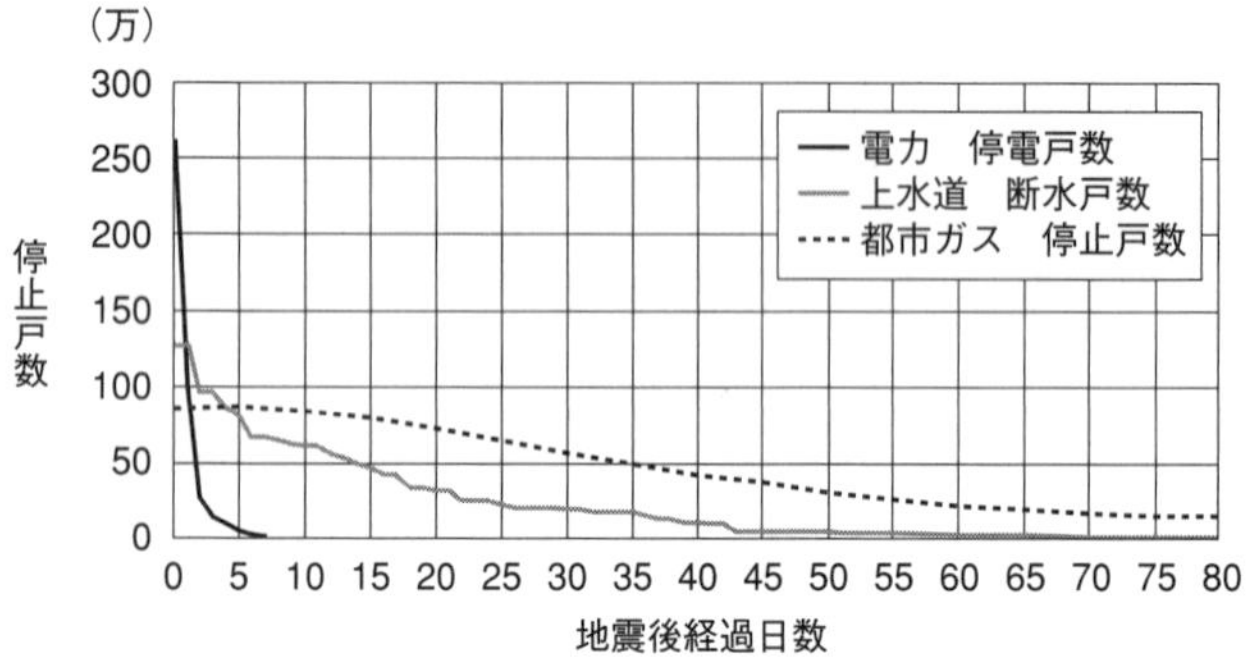

いうことも含めて明記しておくとよい。

(4) マニュアル策定実務／「防災資機材の整備・点検」（作成例⑮章末様式①参照）

① 整備のポイント

図7は阪神・淡路大震災における電力、上水道、都市ガスの応急復旧までの経過日数である。都市ガスは約九〇日、水道は約四三日、電力は七日、電話は一四日となっている。この表を基準にしてライフラインの応急復旧日数を想定している企業があるが、それは誤りである。これはあくまで一九九五年の阪神・淡路大震災時点のデータでしかない。たとえば電力だけを例にとっても、たしかに約七日で応急復旧され八割がた復電させたことは評価に値する。しかし、早期復旧を急いだあまり、家族全員避難した無人の家から火災が発生するケースが多発した。地震発生後二〜三日経過後の火災であった。調査

ライフライン	復旧想定	バックアップ手段	BU日数
電　力	30日	自家発電設備、小型発電機、予備電池、携帯充電器	10日分
水　道	40日	貯水槽、ミネラルウォーター、ポリタンク	7日×人
電　話	14日	無線、衛星電話、船舶無線、パソコン通信	14日
都市ガス	80日	カセットコンロ、予備燃料	30日

の結果、破損した家電製品に通電され過熱して出火原因となったものが多いと推測された。これは通電火災と呼ばれている。以降、防災関係機関では、電気のブレーカーを閉じてから避難するように呼びかけるようになった。そして、電力会社では今後の災害で同じ轍を踏まないように送電エリアごとにブレーカーが遮断されているか確認してから通電することに復旧マニュアルを改訂した。この方法は都市ガス事業者の復旧マニュアルと酷似している。つまり、今後大災害が発生した場合は、応急復旧はガスほどでないまでも三〇日以上はかかることを覚悟してから、ライフラインのバックアップ態勢を整える必要がある。防災・危機管理マニュアルでは最悪を想定し、ライフライン復旧日数想定は上記を目安とすべきである。

救援物資などが供給されることも考慮し、自家発電設備などの燃料手配等ライフラインのバックアップは、防災備蓄用品と連携して対処すべきである。

4　防災資機材の整備・点検　〈作成例⑮〉

危機管理監は、各班長に指示し毎年10月末までに非常災害対策用資機材を整備・点検・報告させ、資機材の期限到来および不足の場合は適切に対応しなければならない。備蓄資機材の内容については別に定める。

② 点検のポイント

防災資機材の備蓄は重要だが、資機材がいざという時使える状態になっているように点検管理することはもっと大切である。そのためには特定の点検者が整備・点検するのではなく、いざという時に使う人が整備・点検する必要がある。そうしないと災害時、資機材の収納場所、備蓄数量、取扱方法などもわからないということになる。実践的な防災・危機管理の原点がここにある。防災訓練の時だけ、防災責任者の説明を受けているだけでは防災・危機管理に参加しているにすぎない。社員全員がなんらかの役割を果たさなければならない。つまり参加ではなく責任をもって参画することが大切なのである。そして、定期的に点検し取り扱うことで防災・危機管理を非日常業務から日常業務にすることができるのである。

(5)　「災害対策本部用資機材の整備・点検」（作成例⑯参照）

事業所全体用防災資機材のほかに災害対策本部用資機材を別個に備蓄管理する必要がある。それは、事前に被害想定を洞察し最悪の状況に備えるからである。最悪とは、自社が損壊または自社周辺が二次災害（大規模火

5　災害対策本部用資機材の整備・点検　〈作成例⑯〉

危機管理監等は、災害対策本部用として次の資機材を整備し毎年10月末までに点検し、期限到来および不足するものは適切に対応するものとする。

⑴　災害対策本部設置・運営に必要なテントおよび什器備品
⑵　発電機、燃料、照明器具セット
⑶　情報収集・伝達用具
⑷　筆記用具・情報掲出用具
⑸　本部長または危機管理監が必要とする資機材

災、有毒ガス充満、テロ、立ち入り禁止地区指定）などのおそれがある場合で、直ちに災害対策本部をリカバリーサイト（バックアップオフィス）に移転または設置する必要がある。となれば、主要拠点に備蓄する災害対策本部用防災資機材とは別に、災害対策本部リカバリーサイト（バックアップオフィス）の運営活動に必要な資機材を備蓄管理しておかなければならない。

災害対策本部用防災資機材にはテント、発電機、情報収集伝達用具（パソコン、回線、システム）、筆記用具、非常用食料、飲料水、寝具などのほかに社員名簿などの必要データなども更新するなどの点検整備が欠かせない。また、業容拡大や周囲の環境の変化などをも勘案しリカバリーサイトとしての場所、規模の適・不適についても常にチェックする必要がある。このように、通常の防災資機材の点検整備とは別の角度から対策本部防災用資機材の整備点検ルールをマニュアルに規定すべきである。

> 6　防災協力協定　〈作成例⑰〉
> 災害対策本部長は、危機管理監等に指示し、関係企業および発災時における応急対策、復旧・復興にかかわる関係者等と事前に防災協力協定を締結しておくものとする。
> （協定内容については「様式②防災協力協定雛型」参照）

(6)「防災協力協定」（作成例⑰章末様式②参照）

企業にとって関連企業との防災協力協定ほど大切なものはない。特にBCMの観点からみたとき必要不可欠の事前対策である。通常の防災・危機管理マニュアルは「自己完結型マニュアル」である。しかし、阪神・淡路大震災および新潟県中越地震のように、行政や企業そのものが大きなダメージを負った場合、そうした自己完結型マニュアルでは機能しないことが証明されている。企業自身（経営資源）が被災したことを想定し、ネットワークや支援組織の受入れ態勢をあらかじめマニュアルに組み込んでおくことが重要である。そのためにも、自社だけの力ではなく関連企業を含む総力戦で危機を克服するための準備として、防災協力協定を締結しておく必要がある（様式②防災協力協定雛型参照）。

業種、業態によって防災協力協定の結び方について配慮が必要だが、上下関係にある企業間であっても原則は相互協定であることが望ましい。ただし、形式的なものにしないためには、二四時間連絡がとれる担当者名を複数明記しておかなければならない。対象となる関係企業は、出入り業者

7　二次避難場所・バックアップオフィス
（リカバリーサイト）　〈作成例⑱〉
災害対策本部長は、危機管理監等に指示し、発災時などにおいて施設などが使用不能事態に備え、事前に二次避難場所およびバックアップオフィスを定めておくものとする。

（電気、水道、電話、土木、建築、機械、部品、運送、設備機器、コンピューターメーカー、材料、ＳＥ、メンテナンス、日用雑貨、食品、派遣など）人、物、ネットワーク、システム、ライフライン関連業者と、説明会等により事前コンセンサスを得たうえで締結しておくことがＢＣＭとしてもきわめて重要である。

(7)「二次避難場所・バックアップオフィス（リカバリーサイト）」（作成例⑱参照）

リカバリーサイトあるいはバックアップオフィス確保には以下の方法が考えられる。

① あらかじめ自前で準備する。
② ベンダーとレンタル契約をあらかじめ締結し、緊急時に優先確保できる態勢を整えておく。

また、バックアップオフィス設置場所選択にあたっては、以下の三点に注意する。

① 既存の拠点との位置関係（既存オフィスに近く、同時被災の懸念のな

い場所）

② スタッフのアクセス（最低一時間以内で出社できる場所）

③ インフラストラクチャー（同時被災の懸念のない回線、エリアで、事前に準備・整備可能な場所）

大規模災害など最悪のアクシデントに備えるには、複数のバックアップオフィスを確保する必要がある。東京に本社を置く某大手マスメディアの防災・危機管理マニュアル策定をお手伝いしたことがある。そのメインオフィスは都心にあったが、企業の歴史を物語る古い建造物で耐震性が懸念される自社ビルだった。その時、役員からの相談は、コストを考えるとデータのバックアップはともかく、自前でリカバリーサイトをもつことは合理的でないと思うが、何かいい知恵はないだろうか、というものだった。そこで耐震性、免震性能の優れた、ある新しいシティホテルを推薦した。ホテル経営者と交渉して事前にコンベンションホールのフロアを借り切る契約を行った。自家発電設備や衛星電話、通信回線も事前に準備することとした。そうした初期投資は契約費用で賄うこととなった。もう一カ所地域の違う場所にも同様の契約を行った。実際的なランニングコストは緊急時になったときだけ発生する仕組みで、通用はインフラストラクチャーの維持基本経費とした。その分、平常時はその企業は優先的に当該ホテルを利用するという内容の契約で、これは双方にメリットが生まれた。

もちろん、自前のリカバリーサイトがつくれればそれに越したことはない。しかし、費用対効果を勘案すると、レンタルなどベンダーを利用するほうが合理的かもしれない。9・11でも事前にリカバリーサイトを契約していた企業があった。しかしサイトの所有者やベンダーたちは、同時多発テロによって契約企業が同時にリカバリーを必要とするとは考えていなかった。そのため、一つのサイトを複数の企業と共有することになっていて、実際にはその契約が役立たなかったことがあった。契約書でも複数の企業と共有して契約することを了解することが条件であったので、クレームの対象にはならなかった。つまり、企業もベンダーも最悪を想定したリカバリーではなかったのである。最近ニューヨークではリカバリーサイトビル管理会社がビジネスを展開しているが、保険ではカバーできない「場」の準備は平常時のリスクマネジメントの重要なカテゴリーの一つである。

(8)「社員等住所録等の備え付け」(作成例⑲章末様式③参照)

某大手企業では、毎年仕事始めに家庭と職場の総合防災訓練を実施している。特に重点を置いているのは社員家族の安否確認システム訓練である。その企業が導入しているのはNTT関連の安否確認システム。携帯メールでコンタクトして暗証番号とパスワードを入れると、安否確認画面が出る。もう一つは電話で行うシステムでどちらからでも対応できるようになっている。

8　社員等住所録等の備え付け　〈作成例⑲〉

災害対策本部長は、危機管理監および人事部長に指示し、発災時における社員等の安否確認を迅速に処理するため、事前に社員等の住所録等（緊急連絡先、携帯電話番号など）を備え付けておくものとする。

正月早々になぜ？　というと社長は「一年の計は元旦にありで、お屠蘇気分を吹き飛ばして家族と自分のために一年間頑張ろうというキックオフですよ」と答えてくれた。この正月防災訓練を実施して以来、業績は順調に推移しているのだそうだ。

企業戦士といえども、生死にかかわる大災害が発生したとき、気にかかるのは家族の安否であろう。もっと大切なのは自分の安否を含めてつながっているかどうかの意識である。以前拙著「人は皆「自分だけは死なない」と思っている」（宝島社）で書いたように、人間はだれかとつながっているかどうかで精神の安定度が変わる。それは、相手の安否と同時に自分の安否を相手が気に掛けているのではないかという焦燥感である。新潟県中越地震のとき、孤立した集落の人々が、道路に白ペンキでＳＯＳを描いた。それをヘリコプターが低空飛行して撮影している姿をみて、住民はそれまでの孤立感が消えたという。特にだれもが携帯電話を所持している現代社会では、いつでもだれかと話ができることで安らぎを得ている。それが、携帯もつながらない、自分たちが困っていることがだれにも知られていないということは、精神衛生上も危険である。その企業が家族との安否確認を防災訓練の優先順位の一番にあげていることをみて、この会社の株を買う決断をした人がいるくらいである。

しかし、問題は「個人情報保護法」およびプライバシーにかかわる法令との関係である。社員によっては個人情報を会社側が人事部以外に開示することに難色を示す人もいる。

二〇〇六年二月二八日、内閣府は個人情報保護法に関する関係省庁連絡会議を開き、同法への誤解に基づいて企業や学校などが個人情報を過剰保護するケースを防ぐための対策を講じることを決めた。具体例などを定めた指針を見直すとともに、インターネットなどを通じて同法のいっそうの周知徹底を図ることとなったのは当然である。

二〇〇五年四月に全面施行された個人情報保護法では、本人の同意なしに第三者に情報提供することを禁止。その一方で法令に基づくケースや、生命・財産の保護に必要な場合、国に協力する際などは例外扱いとなっている。ところが、二〇〇五年四月に発生したJR西日本福知山線脱線事故では医療機関が負傷者の家族からの安否確認に応ぜず情報が混乱。また、家電製品のリコールに関し販売店が顧客名簿をメーカーに提供しない事例などもあった。

企業は事前に情報提供範囲を定めるとともに本人の同意を得て、安否確認用社員等住所録の整備（メンテナンス）と備え付け管理方法をマニュアルに明確に規定すべきである。

9　リスク保険　〈作成例⑳〉

災害対策本部長は、危機管理監および総務部長に指示し、当該製造所等におけるリスクおよび発災時におけるその損失を想定し、企業ダメージを軽減するために費用対効果などを勘案しつつ事前にリスク保険等に加入しておくものとする。

(9)「リスク保険」（作成例⑳参照）

ドイツのミュンヘンに本拠地を置く電気・電子機器メーカーのシーメンス社では、社員個人とブレーンストーミングでチェックを促すシミュレーション・テストが用いられている。これはリスクの特定、評価にも使われる手法である。以下のような問いに答える方法でさまざまな事態をシミュレーションするのである。

① この事故、事件、災害が発生したら、何が起こるだろうか？
② 些細な出来事から大きな問題に拡大する一連の出来事とは何か？
③ 事業に対するその影響は何か？
④ スタッフに対するその影響は何か？
⑤ 社会に対するその影響は何か？
⑥ その後、どうやって復旧できるか？
⑦ 顧客は戻ってくるか？

リスクを予見、回避、圧縮、克服、復興という一連の流れのなかで、経営資源である人、モノ、情報、金などへの影響を最小限にとどめることが

> 10　社員等の家庭における防災対策　〈作成例㉑〉
> 災害対策本部長は、危機管理監等に指示し、社員等の家庭における防災意識啓発および防災対策推進奨励策を講じ、定期的にその進捗状況等を確認するものとする。

求められる。その手法のなかにはリスクの統合、転嫁、移転、縮小、分散があるが、それでもカバーしきれない場合に備えてリスク保険でカバーすることは事前対策として重要である。

これらの保険は、リスクマネジメントのリスクの転嫁、移転、縮小、分散などのニーズにより、今後さらに進化することが予想されている。

マニュアルにはリスク・アセスメントによりリスクの特定と同時に、リスク保険の検討対象として検証することを規定しておくことも重要と考える。

⑽　「社員等の家庭における防災対策」（作成例㉑参照）

地震により社員の家庭が倒壊あるいは社員やその家族が死傷した場合、企業にとっては大きなダメージとなる。某外資系企業では、全社員に「わが家の防災計画書」を提出させるとともに希望があれば防災アドバイザーの相談を受けられるようにしている。そして、年間五万円を限度に家庭防災対策助成金を出して社員の意識啓発と家庭の防災対策推進を図っている。好評に気をよくした会社側では「セーフティホーム・オブ・ザ・イヤー」と銘打って顕彰制度まで設けて年に一度家族を招いて社長自ら表彰している。

毎日厳しいビジネスを強いられる社員たちに対して、社員を大切にする会社という社風を具体的な施策として打ち出すことが安全モラルづくりにとっては不可欠である。社員一人ひとり個性があり、宗教、価値観それぞれ異なっても、「安全」だけは共有できる価値観である。社内だけで安全推進を図るだけでは掛け声だけで終わってしまう。家庭とともに企業の安全もあることをマニュアルに具体的に明記すべきである。

6 緊急対応

(1)「緊急参集」(作成例㉒章末様式④参照)

休日夜間の発災時、必要な緊急要員を迅速に招集する緊急参集制度は各企業で定着し訓練も実施されている。しかし、その実態は形式的としか思えない緊急参集計画が多い。大手企業の緊急参集訓練結果を一一八社で集計したところ、八〇~九〇%の社員が一時間程度で参集することになっている。

一九九五年の阪神・淡路大震災における行政、企業で当日職員の参集平均は、地震発生後一時

第五章（緊急対応）　〈作成例㉒〉

1　緊急参集

災害対策本部長は、災害の状況により社員等を招集し（以下「緊急参集」という）、災害防備活動、災害応急活動、二次災害防止活動、復旧復興活動などの任務に服させるものとする。緊急参集は、緊急連絡網により行うものとする。

発災時、通信インフラストラクチャーなどが混乱し連絡がとりにくい場合は、危機レベル別緊急行動基準に基づいて、担当するものは自ら判断して緊急参集する。

間以内＝五〜一八％、四時間以内＝一〇〜二二％、一五時間以内＝三〇〜三八％でしかなかった。参集できなかった人たちは、自分、家族、親族が被災した＝六〇％、交通手段がなかった＝二〇％などであった。

緊急参集計画で第一次参集者とされるのは通常近隣在住者を優先とするが、過去の事例によると、近隣在住者ほど企業施設と同じ被災状況に陥る。つまり被災地から少し離れた地域の人たちが緊急参集しやすかったというアンケート結果もある。いずれにしても緊急参集訓練を行うとき、橋梁、道路、交通機関、インフラストラクチャーなどの損壊を前提とした参集手段で訓練しなければ実践的な訓練とはならない。また、当日の緊急参集率は三〇％程度を前提とし、時系列参集率を想定して応急対策計画を立てるべきである。また、本当に緊急参集が必要なのかどうかの検証も行うべきである。業種業態によっては、休日夜間の場合は原則自宅待機のほうがよい場合がある。マニュアルに規定する場合は緊急参集の必要性を含めて状況判断できる柔軟性をもたせるべきである。

・「緊急連絡網」

一口に「緊急連絡網」といっても「緊急共通連絡網」と「緊急指示命令連絡網」と分けて考えるべきである。緊急共通連絡網は、組織全体へ迅速に情報を伝達し情報を共有するもので、通信網の混乱状態を考慮して縦、横、斜め、かつ双方向性のフィッシュネット方式連絡網とすべきである。フィッシュネット（魚網）は縦、横、斜めに糸が張ってあり、一本の糸が切れても大きな穴が開かないのが特徴である。縦、横、斜めに連絡をするということは、一人で八人に連絡しなくてはならないから煩雑という懸念もあるが、○○さんには連絡済みと付け加えればさほど煩雑にならない。それに、緊急時は上の者にすべての情報が集まるとは限らない。末端の者が知りえた情報を上司から上司に伝えなければ、発信源となる責任者までに短時間で伝達するのはきわめて困難である。情報を得た者を発信源として、緊急情報を全員に知らせるには双方向性のフィッシュネット方式が「緊急共通連絡網」としてふさわしいのである。

しかし、そうした一般的情報以外で、危機管理における権限者が出す指示命令を伝達するには「緊急指示命令連絡網」として区分すべきである。指示命令は、部署ごとに平常時の職制ヒエラルキーに基づき、上から下へと伝達するものである。これは平常時に最も使用頻度の高い連絡網であるので、連絡方法を複数確立しておく必要がある。

2　緊急配備態勢　〈作成例㉓〉

災害対策本部長は必要に応じ緊急配備態勢は緊急配備態勢表に基づき次のとおりとする。緊急配備態勢の各部署における内容および詳細は別に定める。

(1)　緊急配備態勢（突発的に大規模災害が発生した場合など、総力または局地配備態勢）

(2)　厳戒配備態勢（警戒宣言発令時など大規模災害発生のおそれがある場合、情報収集しつつ厳戒態勢を主体とする継続配備態勢）

(3)　警戒配備態勢（注意情報発令など警戒が必要な場合、情報収集しつつ警戒態勢を主体とする継続配備態勢）

両連絡網とともに留意しなければならないのは、個人情報として流失や悪用を防止するための措置を設けておく必要性があるのはいうまでもない。

(2)　「緊急配備態勢」（作成例㉓参照）

緊急時には緊急配備態勢が必要となる業種、業態があるが、それ以外の企業でもインフラストラクチャーなどの断絶などにより通常業務ができない場合、時系列の緊急配備態勢が必要となる。マニュアルでは、リスクレベルおよび状況別にあらかじめ自動的に緊急配備態勢に移行するルールを定めておくほうが混乱を避けることができる。企業によって緊急度や規模またはリスクレベルなどと連携させて緊急配備態勢のランクづけをしているものもある。たとえば

①　非常事態配備態勢

②　非常厳戒配備態勢

3　緊急配備態勢の解除　〈作成例㉔〉

災害対策本部長は、災害対策業務が終了したと判断したときは、直ちに配備態勢を解除し、本部を解散するものとする。

(1)　配備態勢の周知徹底

災害対策本部長は危機管理監に指示し、緊急配備態勢表を毎年４月に作成し、関係社員に周知徹底するものとする。

③　非常警戒配備態勢
④　非常注意配備態勢

といった具合である。

その態勢ごとにあらかじめ定められた人員配置が自動的に実行されることになる。つまり大災害や騒乱によって国が発する非常事態宣言の企業版である。いつ、だれが、どういう方法でどのランクの緊急配備態勢を指示するかをマニュアルに規定する必要がある。

(3)　「緊急配備態勢の解除」（作成例㉔参照）

前条の「緊急配備態勢」をいつ、だれが判断して、どういう方法で解除するかをマニュアルに規定する。災害状況によっては長期にわたって緊急配備が必要な場合もあれば、部署によって段階的に縮小する必要がある場合もある。緊急配備や非常態勢を命ずること以上に解除のタイミングを判断することはむずかしいものである。そこで、あらかじめ一定のルールを定めるとともに「災害対策本部長が判断した場合」などと臨機応変の対応ができるようにするとよい。

4　**緊急参集時・防災対策活動留意事項**　〈作成例㉕〉

緊急参集時・防災対策活動については下記の点に留意して対応するものとするほか、リスク事象別の対応については、「実務論　リスク対策およびリスク事象別応急対応Q&A」に順ずるものとする。

(1)　服装

災害現場で活動する班員は、二次災害に巻き込まれないように木綿の長袖などの安全な衣類、手袋、ヘルメットなどを着用する。また、社内では所定の腕章等を着用する。

(2)　移動

救出救護・消火活動などにあたる場合を除き、原則として、車両を使用せず移動する。

(3)　優先順位

余震、現場、周囲状況の推移などに留意して各自が臨機応変に判断行動し、身体・生命の安全を優先しつつ二次災害防止に努めるものとする。

(4)「緊急参集時・防災対策活動留意事項」（作成例㉕章末様式⑤参照）

業容、業態によって異なるが、企業によっては制服が定められている場合、あるいはあらかじめ緊急参集用に家庭にヘルメットなど緊急参集装備を配布している企業もある。緊急参集の訓練時にも詳細を定める必要のないように、マニュアルに服装や移動方法などを定めておくと混乱が少なくなる。また、緊急参集について社員が疑問に思うことをあらかじめ具体的事例をもとにして明示しておく必要もある。よくある質問で「大規模地震が発生したとき、近隣住宅が倒壊し死傷者が出ている場合でも、会社へ緊急参集すべきか？」とか、「家が倒壊した場合でも緊急参集すべきなのか？」「周囲で火災が発生し延焼拡大している場合、家族を避難場所に預けた後緊急参集すべきなのか？」などである。

大災害発生時における緊急参集の基本は、家族の安全と安心、近隣の防災対策を優先すべきである。決して緊急参集ありきではないのである。家が倒壊した場合、家族が精神的にも落ち着くまでは家族のそばについていることは当然であるし、近隣で行方不明者がいる場合や火災が発生している場合などは、その防災活動を優先すべきである。そのように、緊急時における行動事例を明記しておくのがマニュアルの役目なのである。

(5)「緊急連絡網および安否確認」（作成例㉖章末様式⑥⑦参照）

発災時、いつ、だれが、だれに、何を、どうやって連絡をとるのかについて定義する。あらかじめ定められた緊急連絡網に基づいての指示命令、安否確認、緊急配備態勢などを迅速的確に伝達するためのルールである。万一、連絡のとれない社員などがいた場合、個人情報の管理にもかかわることもあるので、災害対策本部長が指示して社員住所録などを駆使して安否確認をすることなどを明示する。

5　緊急連絡網および安否確認　〈作成例㉖〉

災害対策本部長は、危機管理監等に指示し、個人情報保護に関する法律などに留意しつつ緊急連絡網および安否確認方法を別に定め、周知徹底を図るものとする。

6　二次災害防止・災害防備活動　〈作成例㉗〉

災害対策本部長は、危機管理監等に指示し、本マニュアルに規定なき二次災害防止・災害防備活動の詳細について、部署特性を考慮しつつ部署ごとに行動規範を整備させ報告させるものとする。

(6)「二次災害防止・災害防備活動」（作成例㉗参照）

発災時、自社および関連拠点から火災、危険物流出、ガス爆発などの二次災害を出さないためには、業容、業態によって部署別、拠点別、状況別の災害防備活動および警戒態勢をとる必要がある。災害対策本部が指示するまでもなく自動的にそうした防備活動ができるようにマニュアルに規定しておくべきである。そして、災害対策本部へは二次災害発生の懸念の有無や、万一二次災害が発生した場合の連絡報告を迅速適切に行うことも定める必要がある。それには部署ごとに災害防備活動にかかわる行動規範およびチェックシートで確認できるようにしておくことが大切である。

7　記録・報告　〈作成例㉘〉

災害対策本部長は、危機管理監等に指示し、災害予見、発災時、応急対応、緊急社会貢献、復興会議、復興計画および各種報告・指示・対応事項などを記録するとともに、最終的に精査し報告させるものとする。

(7)　「記録・報告」（作成例㉘参照）

災害発生時から「災害日報」などにより、時系列の記録をとり災害対策本部に報告することをルールとしてマニュアルに定めておく。これらは災害発生時だけでなく、事故および事件などにかかわるリスク予見、リスク回避、リスク克服、復興に至るプロセスも記録し報告することが重要である。加えて必要な画像、資料、データ、原本メモなども添付できるようにあらかじめ様式を定めておくとよい。

7　緊急社会貢献、復旧・復興

(1)　「緊急（防災）社会貢献」（作成例㉙参照）

①　緊急社会貢献策のポイント

新潟県中越地震の現地調査を十数回実施したが、二カ月後に行った時私

第六章（緊急社会貢献、復旧・復興）〈作成例㉙〉

1　緊急社会貢献

災害対策本部長は、危機管理監等に指示し、周辺地域等における被災者等に対する救援・支援活動を実施するため、あらかじめ緊急社会貢献に関する対応策を研究し準備しておくものとする。

の顔を知っているある役所の人が「ご相談したいことがあるのですが」といって、倉庫のような建物にいざなった。「これをみてくださ い」といわれて驚いたのは、いくつもある倉庫や駐車場に積み上げられたおびただしい段ボール箱の山だった。中身は応急仮設トイレや、衣料品、期限切れ間近の乾パンや飲料水などなど。ほとんどが救援物資として企業や団体から贈られたものだそうだ。「これをどうやって処分したらよいでしょうか」というのである。

一九九三年の北海道南西沖地震で奥尻島の体育館や、雲仙普賢岳噴火災害の島原市でも同じ光景をみた。奥尻島では一部の不要となった衣料などを焼却処分にせざるをえなかったし、島原市ではフィリピン・ピナツボ火山噴火災害の被災者たちへと振り向けるため、別に輸送費を義捐金として集め、その作業に多くの人を動員しなければならなかった。

カリフォルニアにある食料雑貨チェーン店は、店ごとに災害時の地域支援物資を用意している。だからサンフランシスコ・ロマプリエータ地震やロサンゼルス・ノースリッジ地震のとき、その店が被災してもしなくても、災害直後から店前にテーブルを並べ、あらかじめ準備していた発電機と電子レンジで冷凍のファストフードを温め、周囲の住民に無料で配布して好評を博していた。それはもちろんその会社の防災マニュアルにきちんと定められているためできることであった。ところが日本企業の防災マニュアルは、自社のことだけしか書いていない。そして、災害が発生すると、何かしなければとおっとり刀で救援物資を送るから、タイミングのずれた救援物資になってしまうのである。今後企業のマニュアルには、地域や被災者に対する支援策もあらかじめ具体的に定め備蓄しておくことが求められている。

② 地域との連携のポイント

阪神・淡路大震災の時、某ガス会社のガス貯蔵タンクからガスが漏洩した。その時、消防へは連絡したが敷地から五〇メートルしか離れていない小学校へは連絡しなかった。その小学校は避難場所となっていてすでに約二八〇〇人の被災者が避難していた。風向きによっては大事に至った可能性も取りざたされた。事業所では応急対応に追われ担当者は気が動転していたというが、会社側の対応は付近の住民に対し配慮を欠いていた。二日後に知らされて慌てて二次避難場所に移った避難者からは憤激の声があがった。このタンクの所有管理会社は、普段から地域との接触もなく、災害後もガスの内容や漏洩量などの説明等を怠ったこともあって、不信感はいっそう増大した。災害後復旧作業に立ち会っていた会社の幹部に、数十人の住民たちが押しかけ移転要求書を突きつける騒ぎに発展する。

付近の住民はこういっていた。「地域の防災訓練に参加するよう何度も呼びかけたが、一度も参加せず対応も官僚的だった。このような危険な会社のガスタンクが住宅地や学校に近い場所にあることをわれわれは拒否する」

本来危険物や高圧ガスを取り扱う施設ならずとも、通常の事業所であっても周辺住民との関係は大切である。特に防災や安全にかかわる地域防災訓練などには積極的に参加するべきであり、必要であれば敷地の提供等協力できることがあれば申し出る姿勢が住民から受け入れられる条件である。

神奈川県横須賀市の大手自動車会社では、社員に地域の役員等を積極的に引き受けるよう指導している。そのうえ、地元の消防団や自主防災組織の一員は、災害発生時は会社の対応より地域の防災対策を優先するよう指示している。

③　**防災関係機関との連携ポイント**

防災関係機関というのは、自治体や国の出先機関などで事業に関する監督官庁や防災に関係する機関のことである。一般的に防災関係機関というのは、消防、警察、防災消防課、救急医療機関、ライフライン事業者、広域避難場所管理者、保健所、土木管理事務所、鉄道管理局、周辺駅などをいう。そうした防災関係機関は平常時の電話番号と緊急時の電話番号を使い分けするところが多い。緊急時対策として、公的事業所はＮＴＴなどとの間で緊急時優先電話契約を結んである電話番号があるからである。そうした電話番号を公開している機関と、非公開機関があるが、あらかじめ確認しておかないと必要な時に連絡が迅速にとれないことが起こりうるからである。また、総理大臣官邸危機管理センター、内閣府、総務省消防庁、国土交通省、気象庁、経済通商産業省などのホームページＵＲＬを調べておけば、いざという時の情報収集に役立つ。防災関係機関連絡先には、住所、電話番号、ファクシミリ番号を掲載し、事前に打ち合わせたうえで情報収集、伝達など模擬訓練をしておくとよい。

④　社内ボランティア委員会育成（地域貢献コラボレーション）のポイント

企業自身が社会貢献として直接対応する対策も重要だが、企業内にコラボ活動として、サークルや同好会としての位置づけでボランティア委員会を設置することを奨励・育成する企業が増えている。

キリンビール㈱（東京都・中央区）では二〇〇三年一月から全社員を対象として、ボランティア活動奨励・支援ツールを活用して社員のボランティア活動を奨励している。ツールは「ボランティアポイントシール」と呼ばれるもので、社員がボランティア活動をした後、それを事務局に報告するとポイントシールが発行されポイントをためるとエコロジー商品などのグッズとの交換や、その社員の名前で事務局が選んだＮＰＯ団体等へ寄付金を送ることができる仕組みである。

ツールのルールは、政治、宗教、自助活動、対価を得る活動以外で業務時間外の自主的な活動（コラボ活動）を事務局（コラボＢＡＮＫ）へレポートで報告すると、各自の口座へポイント（コラボ）が加算される。事前に登録する必要はなく、社員とその家族が参加できる。そして、年に一度事務局からポイント引き換え内容の連絡があり、グッズと引き換えることができる。コラボＢＡＮＫは三年間累積することもできる。五〇コラボ以上たまると認定証と景品が別に贈られる。ボランティア内容をみると、周辺地域の美化運動への参加者が約七〇％、環境保全運動一四％などとなっている。すでに社員の三〇％がなんらかの形で参加しているという。

脳神経センター大田記念病院（広島県・福山市）の場合は、ボランティア活動カードをツールとしている。導入のきっかけは無償の行為であるボランティア活動に対し、病院としてなんらかの感謝の気持ちを表すために始まったといわれる。ボランティア養成講座修了者のうち、ボランティア登録をした人がボランティア活動終了後Ｂ５サイズの活動報告書を作成し、各自で自分のカードを取り出し活動日をスタンプする。一日二時間の活動で一ポイント押印する。カードは五〇ポイントで、いっぱいになったらカードを地域連携室へ各自で提出する。五〇ポイントたまると、次のメニューから選んで利用できる。

① ポテトチップス一袋分のカロリーでフルコースを食べる食事会への無料参加
② 脳ドック受診の割引

③　併設しているメディカルフィットネスの利用優待券

このシステムは、米国の病院に勤務した医師が、その経験からボランティアへの感謝を表すべきと提案し導入された。その還元内容も病院の特色を活かそうと半分はユーモアを交えて健康をテーマにしている点がちょっとおしゃれである。ボランティア実績内容は、時間外に自主的な外来案内、病棟での活動、医療情報図書室の運営管理、リハビリ室または通所リハビリ室での活動、災害救援ボランティア活動などがある。

阪神・淡路大震災やロシア船原油流失事故などで、多くのボランティアが駆けつけ防災ボランティアの時代到来を予感させた。しかし、災害は毎日起きるわけではなく、日頃からその企業環境にあわせたボランティアを奨励、育成しておくことが大切なのである。そうした地道な企業姿勢が企業の風土づくりに貢献することになる。

(2)　「復旧・復興」（作成例㉚参照）

企業にとって重要課題は事業継続であり、災害発生時にあっても迅速な復旧・復興は至上命題である。しかし、大規模災害の場合は社員およびインフラストラクチャーなどの社会資本が被災する可能性があり、自社だけでの復旧復興は大変困難となる。そこで全事業の同時完全復旧を目指すのではなく、事業継続に重要な部門や事業を優先的にかつ段階的に復旧復興を目指すべきで

2　復旧・復興　〈作成例㉚〉

災害対策本部長は、発災時における応急対応が一段落したと判断した場合、本社等の指示を仰ぎつつ直ちに復旧・復興会議を開催し復旧・復興計画等を作成し、迅速に事業再開に努力するものとする。

ある。

・数値目標の設定

9・11以降BCMを戦略として考える企業が増加している。冷厳な競争社会において、理由のいかんを問わず事業ブレークはライバルやコンペティターに利益とチャンスを与えることになりかねない。また、当該企業のステークホルダーにとっても関心の集まるところである。想定される最悪のリスクに対し、迅速に克服し事業再開に至るプロセスがマニュアルによって明確に提示されなければならない。それには部門または事業別の事業復旧目標時間を設定すること、つまり明確に復旧時間目標という数値目標を明示することが求められる。社会インフラストラクチャーが被災している状況下ですべての事業を短期間に復旧させることは困難であり合理的でない。そこには重要度、緊急度、社会性やクライアント期待度などを勘案して、事業別に優先順位を立てるべきである。

たとえば、A事業は発災後二四時間以内に五〇％の復旧、四八時間以内に一〇〇％復旧を目指す。B事業は発災後四八時間以内に三〇％の復旧、七二時間以内に六〇％、一二〇時間以内に一〇〇％などと定めることができる。それにより、人、資機材、コスト、エネルギーを集中することができる。もちろん、なかにはゼロか一〇〇かという事業もあれば、社会秩序、インフラストラクチャーなどの復旧度と連動する場合もあるが、数値目標を掲げることで目標達成までの計画や事前対策などがよりいっそう明確となる利点が生まれる。

(3) 「文書様式」と「雛型」(章末様式⑥⑦参照)

防災・危機管理マニュアルにおける文書等をあらかじめ定め、印刷して各部署で保管しておくために様式を定めておくものである。緊急時の連絡は電話等で行われるが、それをそのまま伝達していくと、電報ゲームのように誤った情報になってしまう可能性がある。そこで、公的機関で実施しているように、ファクシミリ連絡を原則としておき、ファクシミリが不通の場合は、様式に書き込んだものを電話で発信する。受信者は電話で聞いたものを同じ様式に書き込んで伝達することにしている。また、受信した情報や指示、命令、要請などに対して、処理結果を措置内容として明記する必要がある。こうした措置は、デマや風説に惑わされないためのルールであり、災害記録としても貴重なデータとなる。そのためにも、いつ、だれが、どこから、何を、どうやって受け取って、どう処理したかが、簡便に書き込めるように工夫するとよい。それらはあくまで様式例や雛型であるので、自社にあわせてカスタマイズすることを推奨する。そして、災害、事故、事件などのアクシデントの再発防止のために、できればきちんとした記録（災害日誌）として残すことがその企業の財産となる。

〔マニュアル事例と実務事例の利活用法〕

防災・危機管理マニュアルは、事業規模、事業内容、事業形態、業容、立地条件などによって異なるものである。実際に策定する場合は、個々の企業が独自に企画し自社にあったマニュアルを策定する必要がある。一番よいのは直接私に相談することだが、どんなものかをイメージするために、参考資料として事例を提示する。このマニュアルはあくまで一般的マニュアルであって、理想のマニュアルではないことをあらかじめ理解したうえで参照されることを望む。

特に、前段でいうリスクマネジメントを戦略的に活用しようとした場合、金融、製造、販売ではそれぞれのリスクに対するスタンスが異なってくる。また、経営ポリシーや思想も企業によってのオリジナリティがなくてはならない。戦略的リスクマネジメントを例示したものではなく、その方向性をみてもらうため提示するものである。危機管理対策に絶対のセオリーなどはない。流動的な社会変化に対応する臨機応変の戦略が不可欠である。つまり、このマニュアル事例はたたき台のたたき台と考えるべきである。そして、必要であれば直接私にメールで相談されることをお勧めする。メールアドレス／yamamura@bo-sai.co.jp

〈用語解説〉

○観測情報

想定される東海地震予知を行うため、駿河湾周辺に設置された観測機器に一定の異常が発見された場合、地震観測の推移について気象庁から発表される情報。この時点では東海地震が発生する可能性はまだ低いとされている。観測情報が発表されても特に警戒態勢などの必要はなく、平常どおりの業務を継続する。

○注意情報

東海地震予知観測機器の異常が2カ所以上に増大した場合、気象庁は注意情報を発し関係機関に念のために防災・緊急・救護態勢の準備を行うことを呼びかける。

警戒宣言に至らないまでも、東海地震発生の可能性も考えられるが、東京都からの情報に注意を払いつつ、平常通り業務は継続する。この時点では、公共交通機関は平常どおり運行し道路規制も行われないため、大きな混乱は発生しないと推定される。

○予知情報・警戒宣言・強化地域

東海地震予知観測機器の異常が3カ所以上またはさらに増大した場合、東海地震予知判定会が招集される。気象庁はその結果を予知情報として発表し、東海地震発生が確実と判断された場合、総理大臣は緊急閣議を経て警戒宣言を発令する。

東海地震が発生した場合、大府市は震度6弱以上の揺れに見舞われ2メートル以上の津波が襲うと想定されている。東海地震発生時、こうした著しい災害に襲われるおそれのある地域を大規模地震対策特別措置法で「地震防災対策強化地域（以下「強化地域」という）」と指定されている。警戒宣言発令と同時に強化地域内の鉄道、バスなどの公共交通機関の運行停止および道路通行規制が行われるため、社会生活全般の混乱、停滞が予想される。

○推進地域

東南海・南海地震に係る地震防災対策の推進に関する特別措置法により、東南海・南海地震が発生した場合著しい被害（震度6弱以上または2メートル以上の津波襲来）が発生するおそれがある地域は防災対策推進地域（以下「推進地域」という）と指定されている。

○東海地震・東南海・南海地震（参考資料）

本州の南東側に南海トラフという海溝があり、有史以来繰り返し大規模地震を発生させている。1954年の安政東海地震（マグニチュード8.3）発生32時間後には安政南海地震（マグニチュード8.3）が連続して発生するなど、この地域の地震はこの3地震が連続同時に発生するケースが多いのが特徴。ただし、1944年の昭和東南海地震、1946年の昭和南海地震が発生したので、今世紀に起きる地震は東海地震だけという説もある。

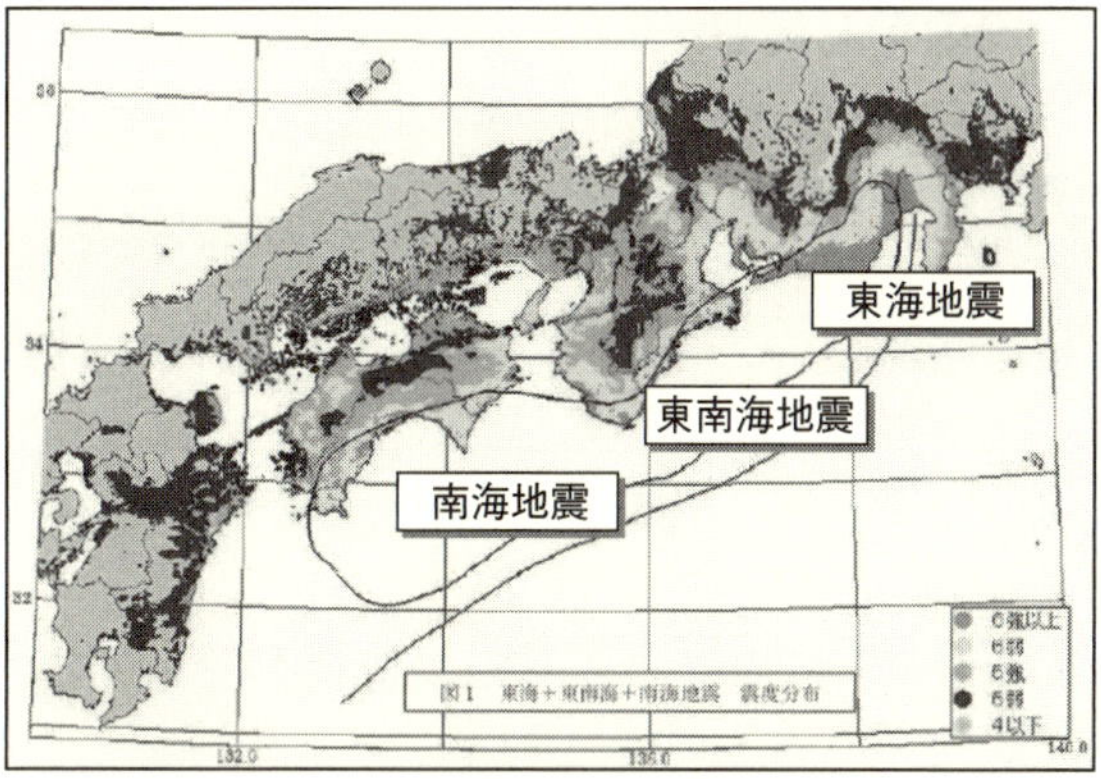

中央防災会議の「東南海・南海地震に関する専門調査会」は2003年９月17日、「東海」「東南海」「南海」の３地震が同時発生した場合の被害想定を公表。発生時刻などで被害状況は変わるものの、最悪の場合、死者は約24万700人、一部では震度７の激しい揺れ、10メートルを超える津波で約96万棟の住宅などが全壊し、経済被害は約81兆円に達するとしている。

1605年／慶長地震（東海・東南海・南海）

102年後

1707年／宝永地震（東海・東南海・南海）

147年後

1854年／安政地震（東海・南海）

15χ年

〈様式①（備蓄資機材配備一覧表）〉

備蓄資機材配備一覧表

非常用飲料水・食料

種別	基準	資機材名	単位	数量	配備場所	管理者
食料	全社員の４日分	乾パン・レトルト	食			
食料	全社員の４日分	缶詰パンほか	食			
食料合計	全社員の８日分	上記	食			
飲料水	全社員の８日分	ミネラルウォーターほか	リットル			
飲料水合計			リットル			

救出・救護資機材

種別	資機材名	単位	数量	配備場所			管理者
救助用具	ジャッキ	台					
救助用具	スチールカッター	台					
救助用具	大バール	台					
救助用具	大ハンマー	台					
救助用具	チルホール	台					
救助用具	発電機	台					
救助用具	予備燃料	台					
救助用具	三脚	台					
救助用具	コードリール	台					
救助用具	投光機	台					
救護用品	救急セット	台					
救護用品	担架	台					
その他		台					

災害対策用品

種別	資機材名	単位	数量	配備場所			管理者
災害対策用品	ヘルメット	個					
災害対策用品	腕章	枚					
災害対策用品	ラジオ・予備電池	台					
災害対策用品	懐中電灯・予備電池	個					
災害対策用品	毛布	枚					
災害対策用品	排水ポンプ	台					
災害対策用品	折りたたみリヤカー	台					
その他		台					

〈様式②（防災協力協定雛型）〉

〇〇〇株式会社（以下「甲」という）と〇〇株式会社（以下「乙」という）は、大規模地震などの災害発生時（以下「発災時」という）において、互いに協力し被災者および被災地域（以下「被災地等」という）に対する人道的支援を積極的に行うとともに、被災地等における安寧秩序回復を目的として下記条項による防災協力協定を締結するものとする。

記

第一条（目的）

発災時、被災地等の不安・混乱を解消するため、被災地等へ食品、飲料水、日用品等（以下「非常用品」という）を迅速かつ適切に供給することが求められる。

そのため、平常時より防災情報の共有および、発災時における緊急対応の研究などに努めるものとする。

また、発災時は甲および乙は互いに協力し施設・設備・流通・製造機器・システム・人員配置等の早期復旧に努め、行政、防災関係機関と連携しつつ非常用品の安定供給に全力を傾注する。それにより被災地等の人心の安定・安寧秩序回復・早期復興に寄与するとともに、安全・安心社会構築に貢献することを目的とする。

第二条（期間）

契約期間は〇年〇月〇日～〇年までとする。ただし期間満了前3カ月前までに甲または乙の文書による解約届けが提出されない限り、期間満了後も同期間同条件にて継続する。以下その例に従う。

第三条（発災時）

発災時とは、災害対策基本法第2条第1項の規定に準ずる大規模な地震災害、津波災害、水害、雪害、噴火災害、その他災害などにより、広範囲に建物、道路、公共交通機関、ライフラインが損壊するなど大きな被害が出た場合をいう。

第四条（発災害時の対応）

発災時、行政および防災関係機関または甲または乙が設置した災害対策本部の求めに応じ、日頃より規定する取引地域、取引項目、業務コンセプトのみならず速やかに人員を派遣、資機材を調達供給、緊急対応など、可能な業務およびサービスなどを優先的に提供する。

第五条（緊急対応費用）

発災時における費用および支払い方法については、緊急事態終了後甲および乙が協議のうえその費用を定めるものとする。ただし、行政および防災関係機関より依頼された業務については、それぞれが支出する費用および状況を勘案して定めるものとする。

第六条（緊急時における損害補償）

緊急対応時に不測の事態（転変地変および人災）および二次災害などによる事故（人身を含む）が発生した場合、甲および乙それぞれの管理下における損害はそれぞれの責任で補償するものとする。

第七条（防災教育訓練）

甲および乙は、それぞれがそれぞれの社員等に対し日頃より防災に関する教育訓練を実施するとともに、求めに応じお互いの防災教育研修・訓練に関係社員等を派遣するなど積極的に参加するものとする。

第八条（防災協力担当者）

甲および乙は本協定に鑑み、事前の防災対策、緊急対応などの連絡窓口となる防災協力担当者および連絡方法等を定めておく。当該担当者が変更となる場合は速やかに報告するものとする。

第九条（守秘義務）

本協定に基づき、甲および乙が知りえた互いの情報については本協定締結期間中および協定終了後といえども、他に漏洩しないものとする。

第十条（情報の共有）

甲および乙は、平常時よりそれぞれが知りえた防災に係る情報について、互いに連絡しあい、発災時に備え情報を共有するものとする。

第十一条（本協定の変更および特に定めなき事項）

社会環境および防災関連法案等の変遷により、本協定の変更を必要とする場合および特に定めなき事項は、そのつど甲乙協議のうえ誠意をもって定めるものとする。

本協定を甲乙が承認した証として、甲乙署名捺印のうえ各自１通ずつを保有するものとする。

以上

甲　　住　所：
　　　社　名：
　　　代表者名：

乙　　住　所：
　　　社　名：
　　　代表者名：

以下余白

〈様式③（個人データ・連絡先・防災メモ）〉

個人データ

項　目	内　容	備考
名　前		
住　所		
電話番号		
生年月日		
血液型	型	
緊急連絡先(1)		
緊急連絡先(2)		
その他		

緊急連絡先または緊急連絡網

No.	連絡先	住　所	電話
1			
2			
3			
4			
5			
6			
7			
8			
9			
10			

緊急連絡システムの説明

〈様式④（非常参集計画表）〉

非常参集計画表

参集内容	役職者	防災要員	一般職員等	合計
第一次非常参集	名	名	名	名
第二次非常参集	名	名	名	名
第三次非常参集	名	名	名	名
総員非常参集	名	名	名	名
合計				

第一次参集者名（徒歩・自転車・バイクにて参集できるもの）

第二次参集者名（直線距離10キロメートル未満のもの）

第三次参集者名（直線距離20キロメートル未満のもの）

〈様式⑤安全行動・災害発生時行動基本指針・災害時連絡先〉

(1)　第一次安全行動

① 身を守る
身体生命を最優先に安全スペースへ移動

② シャットダウン（業務停止）
初期消火・危険物処理・二次災害防止対策

③ 状況把握
同僚・隣人安否確認・被災状況確認

④ 通報・連絡
班長、上司、本部へ被災情報を通報・連絡

⑤ 所定の緊急対応策
本部指示に従い、緊急対応・他部署支援

(2)　第二次安全行動

⑥ 緊急応急対応
災害対策本部指示による応急対策

⑦ 周囲の被災状況点検
被災状況を、班長、上司、本部へ連絡

⑧ 二次災害防止警戒行動
二次災害防止のため、周囲の監視点検

⑨ 余震および二次災害防止行動
二次災害に留意し、二次避難場所に移動

(3)　平常時における準備

⑩ 安全スペースの確保
日頃より災害別安全スペースを確保

⑪ 避難経路・避難場所確認
日頃より安全な避難経路・避難場所確保

⑫ 意識啓発・トレーニング
防災教育・防災訓練・意識啓発に努める

災害発生時行動基本指針

①人命の尊重を第一に考えて行動する。
②臨機応変に行動し、災害対策本部指示に従う。
③行政および防災関係機関に協力する。

災害時連絡先

◆火災・救急　(119番)
◆不審者・犯罪等　(110番)
◆災害伝言ダイヤル　(171番)
◆共同処理場　(000-000-0000)
◆○○電力　(000-000-0000)
◆NTT○○営業所(000-000-0000)
◆○○保健所　(000-000-0000)
◆○○県土木建設事務所
(000-000-0000)
◆○○市役所　(000-000-0000)
◆緊急連絡先
◆第一連絡先　(　　　)
◆第二連絡先　(　　　)
◆安否確認連絡先　(　　　)
◆本社災害対策本部(　　　)

災害対策に役立つホームページ

◆○○県消防防災課
◆○○防災対策課
◆総務省消防庁（災害情報）
http://www.fdma.go.jp/bn/2005/index.html
◆日本気象協会（台風・地震・津波・火山・気象情報）
http://tenki.jp
◆災害用伝言板サービス（安否確認）
http://dengon.docomo.ne.jp/top.cgi

〈様式⑥（本社等・緊急報告書）〉

（第　　報）緊急報告書（　　　枚）

取り急ぎ下記報告します

宛先職・氏名		殿
報告日時	年　月　日	午前・午後　時　分
報告者所属・氏名		
確認者所属・氏名		
報告伝達方法	FAX・電話・メール・直接届 その他（　　　）	
被　害	無・有：人・施設・設備・システム・ライフライン その他（　　　）	
支援要請	無・有：人・物資 その他（　　　）	
危機レベル態勢	緊急態勢・厳戒態勢・警戒態勢・解除	
配備態勢	総力配備・警戒配備・局所配備・解除	

※緊急時、記入事項は一部割愛することができる。

内訳

人的被害	有・無 行方不明：有・無 確認中 （救援：要・不要）	死者　名・重傷　名・ 軽傷　名・計　名
施設被害	有・無・不明 （確認中） （支援：要・不要）	
設備被害	有・無・不明 （確認中） （支援：要・不要）	
システム	有・無・不明	
電　気	有・無・不明	全部停電・一部停電・復旧見込み（有・無）
水　道	有・無・不明	断水・損壊・復旧見込み（有・無）
電　話	有・無・不明	不通・損壊・復旧見込み（有・無）
ガ　ス	有・無・不明	遮断・損壊・復旧見込み（有・無）
そ の 他	有・無・不明 （確認中） （支援：要・不要）	

〈様式⑦（災害応急対策本部より：指示・連絡・要請書）〉

災害応急対策本部：指示･連絡･要請書（第　　　号）（　　　枚）

宛先職・氏名		殿
指示日時	年　　月　　日	午前・午後　　時　　分
伝達者所属・氏名	災害応急対策本部	
指示者所属・氏名		
本部伝達種別	指示・連絡・要請・その他（　　　　）	

※今後も本部情報ならびに緊急時、ラジオ・TVなどの情報に留意されたし。

本部からの指示事項

危機レベル指示	緊急態勢・厳戒態勢・警戒態勢・解除
配備態勢指示	総力配備・警戒配備・局所配備・解除
情報関連指示	被災情報の収集・被災情報の報告
その他指示	

本部からの連絡事項

災害情報 （災害概要等）	
公社関連 （被災状況） （支援状況）	
ライフライン 交通情報 交通機関情報	
そ の 他	

本部からの要請事項

支援要請等	
そ の 他	

実　務　編

事前対策およびリスク事象別応急対応Q&A

1　災害等に対する日頃の備え

大規模地震等の災害に備え、本部長は危機管理監または関係部署に指示し、次の事前防災対策を推進する。ただし、重要性、緊急性を勘案し優先順位をあらかじめ定め段階的に実施することもできる。

① 建物、施設、構造物、設備の耐震チェック、必要があれば耐震補強の推進
② 什器・備品・ロッカー・照明器具等の転倒落下防止対策の推進
③ 照明器具、消防用設備等の耐震チェック、耐震補強の推進
④ 停電に備え、非常用電源を整備し、予備燃料の備蓄
⑤ 水害、洪水、津波災害などに備え、出入り口および排気口等開口部の浸水対策のために防水板、土嚢、排水ポンプなどを整備するなど防水対策資機材の整備
⑥ 火災時に発生する煙の充満、ガス漏洩または故意に噴霧された毒性ガスなどに備え、防煙マスクまたは空気呼吸器等の一定数量備蓄品の整備
⑦ 大規模地震、洪水、その他の災害発災時に業務を停止し、施設内に関係者以外の人と車両等の進入を防ぐために必要な掲出・表示板等の整備

⑧ 寝具、非常食料、飲料水など、防災対策班に関する資機材整備（原則八日分）
⑨ 備蓄資機材等配備一覧表の整備
⑩ 緊急連絡網・防災関連機関等緊急連絡先の整備
⑪ 緊急参集計画表・社員等帰宅計画表の整備
⑫ 本社および支社等周辺地域の広域避難場所一覧表の入手・整備
⑬ 周辺地域の地震・洪水ハザードマップの入手・整備
⑭ 広域避難場所リスト等の入手・掲示
⑮ 社員等の家庭における防災対策推進の奨励

2 地震時の対応

Q 突然、地震の揺れを感じた場合は？

A・地震が大きいか小さいかを判断してから行動するのではなく、小さな揺れでも直ちに安全行動をとり、安全なスペースまたはいつでも脱出できる位置に移動する。

・屋外では建物の陰に隠れるか、建物から離れて避難する。お客様の避難誘導、二次災害防止など安全行動後、揺れが収まったら被災状況を本部に報告する。

※いかなる場合においても、人命の安全を最優先して行動する。

Q 地震発生時、施設内にいるお客様への対応は?

A・揺れが収まったら、施設内のお客様を非常口から近くの広域避難場所などへ避難誘導し、周辺に大きな被害があるようなら車で避難しないように助言する。

・施設内のお客様が全員避難したことを確認する（人員点呼・安否報告）。

・大規模地震後は余震が多発する可能性があるため、業務を停止し出入り口はシャッターやバリケードなどで閉鎖する。

Q 万一お客様や同僚が負傷した場合は?

A・直ちに応急手当てを行い、上司または災害応急対策本部に連絡をして救急車の手配を要請する。もし、救急車が来られない場合は、自社の車またはリヤカーなどで近隣の救急病院へ搬送する（経過報告）。

Q 万一施設内で火災が発生した場合は？

A・大声で周囲に知らせるとともに自動火災報知器の発信機ボタンを押す。
・上司または本部に連絡し消火班および消防署への通報を要請。周囲にお客様がいらした場合は直ちに避難誘導した後、消防隊が来るまで初期消火、延焼拡大防止に努める。
・火災や煙が拡大し危険と判断したら直ちに安全な場所に脱出する。
・避難した人が施設内に戻らないように留意・確保するとともに本部へ、経過状況を連絡する（人員点呼・安否報告）。

Q 周囲の住民などから施設内への避難を要請された場合は？

A・余震などが多発し二次災害の可能性があり、発災時は安全が確認されるまで施設内は立ち入り禁止となっている旨説明する。
・ただし、防災関係機関から一時避難場所提供要請があった場合など、本部長の承認を得た場合に限り、安全が確認できた施設のみ開放する。その場合、車両の進入を禁止するとともに、火気厳禁、ペット・アルコール等は持込禁止とする（避難者名簿に登録・人員点呼）。

Q 地震の揺れが収まった後注意することは？

A・安全が確認されるまで、余震による二次災害防止に努め、安全確認まで施設内は立ち入り禁止とする。被災状況を確認し本部等に報告し、必要な措置を講ずる（人員点呼・安否報告）。

Q 車を運転中に地震に遭遇した場合は？

A・前後の車に注意しながら、スピードを落とし左側に停車。
・ラジオで情報を収集しながら車が動くのであれば、横道へ逸れて駐車場など緊急車両の妨げにならない場所に駐車する。
・避難するときは、車内に連絡先のメモを残し、車検証をもってキーをつけたままドアをロックしないで建物から離れ徒歩で避難する。
・もし、損傷して動けない車が放置されていたら、ほかの人と協力して歩道に乗り上げるようにして緊急車両のために主要道を確保する。
※発災時、車が渋滞している場合でも一車線だけは緊急車両用に空けること。

Q 市街地の屋外にいた場合地震に遭遇したら？

A・頭や首筋をバッグなどで保護しながら、落下物に備え直ちに建物から離れること。もし、離れられない場所であれば、安全そうな建物の陰に隠れること。

Q 警戒宣言発令時における厳戒態勢とは？

A・東海地震が発生した場合、東京都内は震度五弱から震度五強の揺れが想定される。直ちに業務を停止し災害対策本部の指示に従う。
・警戒宣言発令と同時に災害対策本部を設置し、厳戒態勢に入るとともに防災関係機関からの情報およびラジオ、テレビなどの情報を注意深く見守る。
・多数の帰宅困難者などが発生し社会的混乱が発生する可能性があるため、警備を強化し厳戒態勢に入る（社会的混乱が想定または発生した場合、業務に支障をきたすと本部長が判断した場合、一部またはすべての社員の退社を指示する）。

Q 休日・夜間など自宅にいる時災害が発生したら？

A・まず、自分と家族の身の安全を図る。
・二次災害などのおそれがあれば直ちに安全な場所または定められた避難場所へ避難する（人員点呼・安否報告）。
・家族および周囲の安全確認後、危機レベルおよび状況別緊急行動表に基づいて行動する。
・自分や家族が被災した場合は、緊急連絡網により上司または本部に連絡する。
・そのほか、必要に応じ随時本部へ連絡報告を行う。

Q 発災時の情報伝達は？

A・発災時における第一報は、施設等における被災の有無、死傷者の有無、二次災害への可能性、救援・支援の必要性の有無、周囲の状況など、被災概要を簡潔に連絡する（人員点呼・安否報告）。

・その後詳細情報を収集しそのつど連絡報告する（様式⑥「本社等・緊急報告書」参照）（ラジオ等のボリュームをあげ全員に聞こえるようにするとともに、主要な内容をメモし掲出する）。

Q 防災関係機関や本部等への情報伝達手段は？

A・発災時の情報伝達は、緊急連絡システム、電話、ファクシミリ、携帯電話、無線などで行い、最悪は自転車、バイク、徒歩などによる駆け込み通報とする。

Q 大規模地震が発生した場合、周囲の交通機関や交通規制は？

A・警戒宣言発令時および大規模地震発生時は、強化地域内ならびに主要道路はいっさい通行禁止となる。その他、高速道路はすべて通行止めまたは交通規制を受けるので、車での移動は緊急車両以外通行できない。車の利用をいっさい控える。

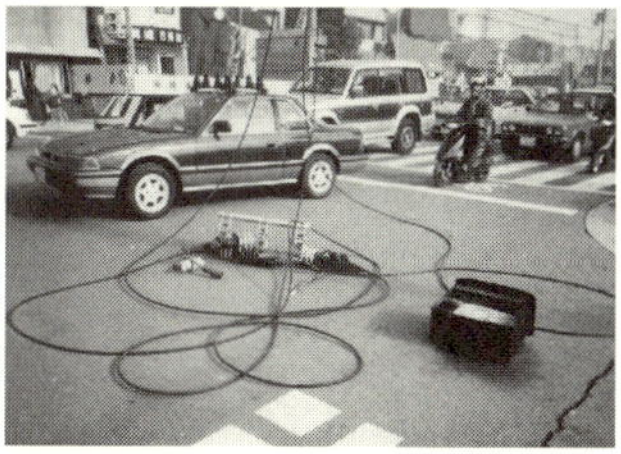

・電車、バス等の公共交通機関も強化地域内は運行停止となるので、避難するときは徒歩で避難する（ラジオ等のボリュームをあげ全員に聞こえるようにするとともに、主要な内容をメモし掲出する）。

3 火災・爆発・停電時の対応

Q 現場またはオフィスから炎や煙が出ているのを発見した場合は？

A ・慌てずに、まず大声で周囲に知らせる。
・近くの火災報知器の発信機ボタンを押す。
・初期消火に努めながら状況を確認し、消火班に連絡する。
・初期消火できない場合は、消防署、警察署に通報し、放送設備で施設内にいるお客様や職員に知らせ、近くの非常階段から地上に避難するよう呼びかける。
・周囲にお客様がいる場合は、直ちに避難誘導を優先する。被災者がいる場合には、上司または防災・危機管理監等に救助と応援を要請する（人員点呼）。

・火勢や煙の勢いが強い場合および身に危険を感じたら直ちに外部に避難する。
・出入り口を立ち入り禁止にして、二次災害のおそれがあるので地域住民や通行人が内部に入らないようにバリケードなどで封鎖する。
・煙が激しい場合は、姿勢を低くし防煙マスク、濡れタオルなどで鼻と口を覆い、誘導灯を目安に脱出する。煙で誘導灯などがみえない場合は、壁伝いに手探りで避難すれば必ず非常口に出られる。もし、逃げ遅れた人がいると思われたら消防隊に通報する。

Q 近隣の建物で爆発火災が発生、当社にも被害が及ぶ可能性がある場合は?

A・火災発生を知ったら、直ちに消火班または危機管理監に連絡する。
・業務を停止し出入り口を立ち入り禁止とするなど二次災害防止に努める。
・放送などでお客様に避難を呼びかけ非常口へ誘導する。
・防災関係者の指示がある場合はそれに従うとともに、支援体制に入る。
・危険が迫ったと判断した場合は直ちに避難する（通報を受けた上司または危機管理監は、通行人が施設内に入らない措置をとるため、バリケードなどで封鎖し、警備員を出入り口に配置する）。

Q　施設内で突然停電が発生した場合は?

A・慌てずに、非常照明、誘導灯等の点灯を確認して上司または危機管理監に連絡するとともに電気班にも連絡をする。

・二次災害防止のため施設内はバリケードなどを設置し立ち入り禁止とする。

4　洪水時の対応

Q　万一洪水（豪雨、高潮、洪水、津波）などの水害に襲われた場合は?

A・上司または本部に通報し、防水板、土嚢袋などで浸水防止対策、排水ポンプにて排水作業を行う。安全避難の確保・点検し、車両やお客様を避難誘導する。

・外部から浸水施設へ入らないように出入り口等をバリケードなどで封鎖、浸水したら電気を遮断し感電防止対策を行う（人員点呼・安否確認）。
・浸水が続く場合は消防署に通報し排水処理を要請する。冠水、崖崩れなどの危険箇所を発見した場合、直ちに上司または本部に報告するとともに、必要な応急措置を講ずる。危険と判断したら班員も直ちに避難する（ラジオ等のボリュームをあげ気象情報などを全員に聞こえるようにするとともに、主要な内容をメモし掲出する）。

5 テロ・犯罪時の対応

テロなどは、予測できないため予防策がとりにくく不特定多数の人命を奪う可能性があり、社会的なパニックをも招く危険なリスクの一つである。事務室等への訪問客には記帳させ、チェックする。何よりも人命を第一に行動し、警察等への緊急通報を迅速に行うことが重要である。

Q 施設内に爆発物を仕掛けたとの予告電話があった場合は？

A・直ちに警察、消防署および上司または危機管理監に連絡する。
・施設内にいる社員に呼びかけ安全を最優先にして避難させる。
・避難した後は出入り口などから離れるよう呼びかける。
・バリケードなどを設置し施設内を立ち入り禁止とし、予告電話を受けた本人も安全な場所に避難し、警察の到着を待つ（人員点呼）。

Q 紙袋などに入った不審物を発見した場合は？

A・決して不審物に近寄ったり触れたりしてはいけない。
・直ちに警察、消防署および上司または防災・危機管理員に連絡する。
・施設内にいるお客様や社員にも呼びかけ安全を最優先にして避難させる。
・避難した後は出入り口などから離れるよう呼びかける。バリケードなどで封鎖・立ち入り禁止とし、警察の到着を待つ（人員点呼）。

Q 郵便物を開けたら炭素菌を思わせる白い粉等が出てきた場合は？

A・パニックにならず、冷静に以下の行動をとる。

① 直ちに空調を止めるよう指示、警察、医療機関、上司、または防災・危機管理員に通報する。いたずらの可能性があっても、自分だけで判断せず最悪を想定して冷静に対応する。

② 内容物が拡散しないように郵便物をポリ袋などに密封する。

③ 白い粉等に触れた場合は、せっけん、温水などで洗浄する。

④ 白い粉等に触れた者は、独立した別室で医療機関、警察の到着を待つ。

⑤ 部屋は立ち入り禁止にする（人員点呼）。

Q 施設内にナイフなどの凶器をもった犯罪者が侵入してきた場合は？

A・身の安全を最優先に、相手を刺激しないようにしながら一定の距離（約二メートル）をあけて対応する。

・金銭の要求に対しても身の安全を第一として対応する。

・通報に備え、相手の特徴（身長、声の特徴、服装、年齢など）に注意して記憶する。
・また、可燃性の油脂類などを使って脅迫する場合は、消火器の位置などを確認する。
・危険が去ったら、直ちに警察および上司または防災・危機管理員に連絡する。
・バリケードなどで出入り口を封鎖し立ち入り禁止として、現場保存に留意し警察の到着を待つ（人員点呼）。

6 苦情（クレーム）対応

クレームは初期対応が重要、初期対応の失敗が大きな問題に発展する可能性がある。対応者の指導・教育が必要。また、上司へ適切な情報伝達が重要である。

・基本心得

① 相手の話を遮らないで最後まで話を聞く。
② 当方に非がなくとも、言葉の行き違いや対応の遅れで深刻な事態を招くことがあるので、十分注意する。
③ 自分が当事者でなくとも、相手は会社に対してクレームを訴えていることを忘れず対応す

る。

④ 相手の話（電話）が長くなりそうな場合には、こちらから掛け直すように申し出る。

⑤ 来社の場合は応接室等で複数名にて対応し、他の者は万一に備え待機する。

⑥ 誤った認識で、その場で軽い口約束等をしないようにする。

⑦ 万一相手が暴力に及んだ場合は、周囲に助けを求め直ちに警察へ連絡する。

⑧ 相手が暴力団関係者と名乗り、不条理な要求をした場合は曖昧な態度をみせず話合いを打ち切り、上司または危機管理監に連絡のうえ直ちに警察に通報する。

・交渉方針の検討

① 相手と早急に「面会」「面談」する必要があるか。

② 相手と「話合いによる解決」をするのか。

③ 話合いをしても無駄な相手とみるのか。

④ 訴訟、その他のリスク局面も辞さずの方針か。

⑤ いかなる結果を選ぶにせよ「当社の姿勢」は社会的に非難されないか。

Q 社員の対応が悪いと怒鳴り込んできた場合は？

A・できるだけ対応した本人は表に出さず、上司が応対する。
・必ず単独でなく複数名で応接室などで対応する。

Q 施設内の設備にぶつかってけがをしたので補償してほしいという電話があった場合は？

A・安易に医療費を払うなどと当方の責任を認めるような発言は控え、誠意をもって応接しつつ、事実を確認したうえで連絡する旨を伝え、連絡先を聞く。
・その後、設備担当者および上司または危機管理監に連絡する。不当な請求に対しては、顧問弁護士に立会いを依頼する。

Q 反社会的勢力がやってきた場合は？

A・直ちに上司または防災・危機管理員に連絡する。

・応対は複数名で行い、総務の役職者と危機管理監が対応する（必要であれば会話を録音する）。

7 個人情報漏洩（情報管理）対応

情報の流失には、外部から侵入されて持ち出される場合と、職場内の人間が故意またはうっかり流失させてしまう場合などがある。業務上の機密を漏らした場合には、就業規則で懲戒の対象となることもある。情報管理の取組みについては、日頃から職場全体で問題意識をもって徹底していく必要がある。

Q 外部から「挨拶状を出したいので職員の住所を教えてほしい」と電話があった場合は？

A・職員の住所、電話番号等は重要な個人情報。本人の了解なしに教えることはできない旨を伝え、こちらから連絡できるように先方の連絡先を確認し、本人に伝える。

Q 会議の記録をCD-ROMに入力したが、文書で報告したので捨てたい場合は？

A・CD-ROM、フロッピーディスクなどの記録媒体を廃棄する場合には、情報の重要性、機密性に応じて消去のうえ、消磁、破砕などを施し処分する。

IT化が進み、サーバーなどのシステムが停止することで業務に重大な影響を及ぼすことになるため、ウィルスやシステム障害への対策を徹底していく必要がある。

Q 発信元が不明である不審なメールを受信した場合は？

A・ウィルスメールである可能性があるため、開かずに削除する。

Q 使用しているパソコンがウィルスに汚染した可能性がある場合は？

A・IT管理部門または危機管理監に連絡。パソコンをネットワークから切り離し、IT管理部門の指示に従いウィルス駆除作業を行う。

Q 個人で所有しているパソコンを会社のネットワークにつないで利用した場合は？

A・ウィルス汚染や情報漏洩を招く行為であり、個人所有パソコンおよびデータ記録機器は許可なく持ち込まないことと職場の情報機器以外をネットワークに接続してはならない。

※なお、個人情報漏洩防止に関する法令等を遵守し「個人情報の保護に関する規定」および「ＩＴセキュリティポリシー」などに準拠する。

〈参考文献〉

「マッキンゼー組織の進化」平野正雄（編集・翻訳）・村井章子（翻訳）、ダイヤモンド社
「工場はなぜ燃えたか」丸田敬、エネルギーフォーラム
「リスクマネジメント用語辞典」亀井利明（監修）・上田和勇、亀井克之（編集）、同文舘出版
「事業継続マネジメント入門」ＳＥＭＩ日本地区ＢＣＭ研究会編、共立出版
「利益を作る戦略的リスクマネジメント」トーマス・Ｌ・バートン、ウィリアム・Ｇ・シェンカー、ポール・Ｌ・ウォーカー、刈屋武昭、佐藤勉、藤田正幸、東洋経済新報社
「大震災　これなら生き残れる」山村武彦、朝日新聞社
「人は皆「自分だけは死なない」と思っている」山村武彦、宝島社
「東京・同時多発テロ」林　信吾、角川書店
「事業継続ガイドライン第一版」企業評価・業務継続ワーキンググループ、内閣府
「ビジネス継続マネジメントガイド」英国銀行協会・ＫＰＭＧビジネスアシュアランス㈱、中央経済社
「危機管理　リスクマネジメント・クライシスマネジメント」宮林正恭、丸善
「リスクマネジメントシステム構築のための設計」JISQ2001：2001、日本規格協会

■ 著者略歴 ■

山村　武彦（1943～東京都出身）

学生時代、新潟地震（1964年）でのボランティア活動を契機に防災システム研究所を設立。現場主義（現地、現物、現人）を掲げ、災害、テロ、事故、事件などの現場調査は120カ所を超える。

1995年、科学技術振興功績者として科学技術庁長官賞受賞。

実践的防災・危機管理の第一人者として、多くの企業、自治体、商工会議所などの防災危機管理マニュアル、BCP（事業継続計画）、新型インフルエンザ対策マニュアルなどの策定、監修を手掛ける。

ニュースウォッチ9（NHK）、めざましテレビ（フジテレビ）、朝ズバ！（TBS）、ザ・サンデー（日本テレビ）などマスメディアや、1200回を超える講演などを通じ防災・危機管理意識啓発に活躍中。

防災システム研究所 所長
防災アドバイザー
ホームページ：http://www.bo-sai.co.jp
メールアドレス：yamamura@bo-sai.co.jp
TEL：(03)5771-6338

本当に使える　企業防災・危機管理マニュアルのつくり方
——被災現場からみつめたBCP

平成18年７月19日　第１刷発行
平成23年３月29日　第５刷発行

著　者　山　村　武　彦
発行者　倉　田　　　勲
印刷所　三松堂印刷株式会社

〒160-8520　東京都新宿区南元町19
発 行 所　社団法人 金融財政事情研究会
編 集 部　TEL 03(3355)2251　FAX 03(3357)7416
販　　売　株式会社 き ん ざ い
販売受付　TEL 03(3358)2891　FAX 03(3358)0037
URL　http://www.kinzai.jp/

ISBN 978-4-322-10931-3